EL SECRETO DEL ÉXITO EN LAS OPOSICIONES

Pablo Fernández Miser

EL SECRETO DEL ÉXITO EN LAS OPOSICIONES
© Pablo Fernández Miser

I.S.B.N: 979-13-990049-6-0
Depósito legal: CO 1555-2025
Edita: Basconfer & Tan SL

Impreso en España/Printed in Spain
Por "Ulzama Digital"
Pol. Ind. Areta
Calle A 33, 31620 Huarte - Pamplona

ÍNDICE

NOTA A ESTA EDICIÓN.. 7

INTRODUCCIÓN 9

CAPÍTULO 1. Antes de empezar. Decido preparar una oposición. ¿Quiero preparar una oposición o quiero ser funcionario?. 21

CAPÍTULO 2. Clases de oposiciones. La elección. Csihe cth ahp csva. Ceva 31

CAPÍTULO 3. El opositor. El protagonista de la historia. El auténtico obligado tributario. Sujeto activo, nunca sujeto pasivo 45

CAPÍTULO 4. El preparador. La academia, por cuenta propia. Los padres, los amigos, la novia, o pareja, esposa, la familia. El opositor con hijos 51

CAPÍTULO 5. El tiempo. El temario. Ejemplo de tema. Tema 25 iva 57

CAPÍTULO 6. El lugar de estudio. Bibliotecas, incluso salas virtuales. ¿Opozulo?... 75

CAPÍTULO 7. La memoria. Técnicas de estudio. Esquemas. Ejemplo esquema tema 25. Subrayado 81

CAPÍTULO 8. La importancia de practicar. Los medios económicos. El hijo del notario con el BMW. La contabilidad. Ejemplo de examen de contabilidad 89

CAPÍTULO 9. Los supuestos prácticos. El dictamen. Duración de las actuaciones inspectoras. Ojalá fueran solo 18, incluso 27 meses.. 103

6

CAPÍTULO 10. Las fases de la oposición: convocatoria, exámenes, la espera, el éxito. El fracaso. ¿Existe prescripción del opositor? Artículo 150. Artículo 66 125

CAPÍTULO 11. El IEF. Visualización y celebración. La importancia de la motivación. La vocación. El verdadero éxito 131

NOTA A ESTA EDICIÓN

Se van a cumplir tres años desde la publicación de la obra "El secreto del éxito en las oposiciones".

Han cambiado muchas cosas en la sociedad, y en las oposiciones. Esta obra está destinada a servir de ayuda o de guía en todas las oposiciones, pero en especial en las que permiten el acceso a la Agencia Tributaria. Aunque puede ser de gran ayuda en las oposiciones de acceso a los cuerpos de vigilancia aduanera, se dedica mayor atención a las de Inspección, técnicos y agentes.

De ahí que se haya incorporado el subtítulo: Manual para la preparación de las oposiciones a Hacienda.

Vivimos unos tiempos muy especiales. Por una parte, se están jubilando la mayoría de los funcionarios que entraron a trabajar en el boom de la España de los ochenta. De ahí que, para los que les interesa esta obra, son tiempos magníficos, con algunas de las mejores ofertas de empleo público de la historia.

Además, por primera vez en la historia, se ha incorporado la posibilidad de la reserva de exámenes aprobados en las oposiciones de inspección y técnico de hacienda, lo que supone un cambio sustancial en el proceso. Incluyo una explicación desde mi experiencia como preparador, y unos consejos para adaptarnos al nuevo sistema.

Pero, por otra parte, el opositor siempre es cuestionado. Cada vez más la tecnocracia, la inteligencia artificial y el mal uso de las herramientas de informática y robótica es aprovechado por algunos sujetos para cuestionar la oposición. Algunos políticos prefieren utilizar antes la dedocracia o el clientelismo que el principio de mérito y capacidad.

Desde que la editorial Basconfer confió en mí para publicar este manual, han sucedido acontecimientos que, al menos a mí, me parecen sorprendentes: he debutado en la novela con *El abogado del Porsche* y con un thriller tributario *Otoño efímero*. Estas publicaciones han servido para que el afamado guionista Diego san José haya contactado conmigo para que le asesorara en Celeste, una serie de Movistar de éxito internacional protagonizada por Carmen Machi en el papel de una inspectora de hacienda.

Más allá de estas novelas y series, que ponen de manifiesto el interés por los inspectores de hacienda, le pese a quien le pese, el importante eres tú: OPOSITOR.

Así que me dirijo a ti y empiezo con el primer consejo para el protagonista de este manual: céntrate en el estudio, y da el máximo, sin perder el tiempo en rumores infundados e interesados. Como siempre, espero que esta obra te sea de ayuda.

INTRODUCCIÓN.

Mis años de opositor

Me presento. ¿Existe la vocación de Inspector de Hacienda? ¿Por qué escribo este libro? ¿Somos de ciencias, de letras o híbridos? Retrato de los opositores en la literatura

Antes incluso de mi presentación, te explico la finalidad de este texto. Mi prioridad a la hora de escribir este libro es la siguiente:

1.–Que apruebes.

2.–Que apruebes lo antes posible.

3.–Si es posible, que apruebes con el menor sufrimiento.

Por tanto, como los simplistas e infantiles discursos futboleros, cual entrenador del Atlético de Madrid, "ganar, ganar y ganar", aquí mutado *(mutatis mutandis)* en "aprobar, aprobar y aprobar", aunque sea en el último minuto y de penalti injusto (en este caso, la última plaza de la oposición y de forma injusta).

Si, además de eso, logras aprender y disfrutar, mejor aún, pero lo primero es lo otro. Por supuesto, para lograr que me hagas caso intercalo anécdotas y experiencias que te permitan mantener la atención. Hay manuales que, en su erudición, son un auténtico "muermo". Espero que este no sea uno de ellos, bastante tenemos con memorizar los artículos de la Ley del IVA, por poner un ejemplo.

1. Presentación

Antes de intentar, con base en mi propia experiencia, aportar un poco de luz sobre el método de estudio para aprobar las oposiciones, creo que me debéis conocer un poco. Soy Pablo Fernández Miser, Inspector de Hacienda destinado en la Dependencia de Inspección de Málaga. Es decir, estoy destinado en lo que en la Agencia Tributaria se conoce como "inspección de cartera".

Pero esto no siempre fue así, ni mi vida profesional se ha desarrollado exclusivamente en el ámbito de la Inspección financiera. De hecho, mi andadura en la Agencia Tributaria comenzó el 20 de marzo de 1997 y en el momento que escribo estas líneas, ocho trienios después, soy prácticamente un novato en el área de Inspección financiera, ya que, de los 24 años, en los que he pasado por las distintas áreas en que se organiza la Agencia, apenas llevo un año en esta especialidad, "la financiera".

Empecé en Recaudación y posteriormente he trabajado en diversos departamentos de Gestión, Aduanas, nuevamente Gestión, para probar la libre designación casi una década y finalmente continuar en la citada "financiera", expresión que distingue la Inspección habitual y más conocida por el público de la de Aduanas e Impuestos Especiales.

Estudié Derecho en Granada y preparé las oposiciones al Cuerpo Técnico de Hacienda en los años 90 (en aquellos años se llamaban oposiciones al Cuerpo de Gestión de la Hacienda Pública). A lo largo del libro intentaré explicar los motivos que me llevaron a adoptar tan importante decisión, pero sirva de anticipo la recreación de una conversación típica de aquella época.

Caminaba por la granadina y céntrica calle San Antón hacia la consulta del doctor Martín Gómez, en una de las múltiples revisiones que soporté tras mis numerosas operaciones de rodilla cuando me crucé con Alfonso Montes, uno de mis compañeros del Colegio Maristas:

—¡Hombre, Pablo, Miser, cuánto tiempo sin verte! ¿Qué es de tu vida? ¿Estudiabas Derecho, verdad?

—Sí, pero estoy preparando oposiciones.

—Pero eres muy joven para eso, si yo todavía estoy terminando la carrera ¿A qué opositas?

—A Gestión de la Hacienda Pública (antes de que te preguntaran qué es eso, me anticipé a aclarar), quiero decir, a Subinspección.

—Ah, pues está muy bien.

Lo que quería decir mi amigo Alfonso es que suponía que, en Hacienda (ya bautizada como Agencia Tributaria desde su Ley de creación de 1990), se ganaba un buen sueldo y el Cuerpo de SubInspectores de Tributos gozaba de prestigio social, superior a otras oposiciones más generalistas, como las que dan acceso al profesorado, o a otras Administraciones públicas, locales y más conocidas por su propensión al enchufismo, como Diputaciones Provinciales, Ayuntamientos, especialmente en Granada, mi ciudad, y en otras provincias de tradición universitaria. En aquellos tiempos el tema económico era aún un tabú y reconozco que me embarqué en la aventura opositora sin conocer ni remotamente el sueldo de un técnico de Hacienda. Gracias a Dios, porque la verdad es que cuando aterricé en mi primer destino descubrí que era muy reducido, si bien la situación ha mejorado bastante en esta década.

Aprobé en relativamente poco tiempo (menos de dos años) la oposición. Ese periodo que, con el tiempo parece corto, llevaba consigo un esfuerzo intenso, incertidumbre, sufrimiento, padecimientos que seguramente solo entendemos los que hemos pasado por ahí.

El opositor es una persona "sospechosa", siempre cuestionada, criticada por gran parte de la sociedad. Es curioso que nadie o casi nadie cuestiona hoy en día que un joven dedique seis, siete u ocho años a preparar Ingeniería, Arquitectura, Medicina o cualquiera de esas carreras universitarias calificadas como difíciles. Incluso parece aceptado socialmente invertir después uno o dos años en algún máster, posgrado, doctorado o en deambular por los departamentos mendigando una exigua beca.

Posteriormente, recorrí diversos destinos y especialidades: Recaudación en Barcelona, Lanzarote, Ceuta, Valdepeñas (Ciudad Real) y, ya con el cambio al Cuerpo Técnico, desarrollé mi trabajo en la Dependencia de Gestión en la Administración de Algeciras y de Despacho de Aduanas en La Línea.

Preparé la promoción interna y tras cursar el año de curso selectivo en el Instituto de Estudios Fiscales en Madrid, sorprendentemente (ya que lo normal era empezar otra vez el viaje desde Cataluña) obtuve la plaza en Cádiz, donde trabajé como Adjunto a la Dependencia de Gestión.

En poco tiempo me ofrecieron la posibilidad de optar a puestos de libre designación, por lo que, tras un primer intento fallido, después de un año destinado en Cádiz, obtuve la plaza de Administrador de Torremolinos. Dichos puestos directivos, sometidos a mucha presión que no es correspondida con una gratificación económica proporcional, exigen un compromiso de al menos dos años. Finalmente estuve desempeñando dicha labor casi una década.

Si albergáis interés en profundizar en este viaje, os recomiendo la lectura de mi libro *Cómo me convertí en Inspector de Hacienda*.

2. La vocación de servicio público

Después, y solo después de aprobar Inspección, comencé a ejercer de preparador. Resalto el momento temporal y la condición que me impuse (y cumplí) porque, aunque siempre he tenido vocación por ayudar en el estudio, y recibí algunas ofertas para impartir clase en varias academias, decidí que, para abordar el reto de la oposición por promoción interna, debía dedicar todos mis esfuerzos al estudio, así que renuncié a la posibilidad de ejercer la enseñanza hasta que no intentara aprobar Inspección.

Si bien no existía ninguna tradición jurídica ni hacendística en mi familia, mis padres pertenecían ambos al mundo de la docencia. Los dos cursaron en su época Magisterio, que entonces no se consideraba una carrera universitaria, y posteriormente concluyeron sus estudios universitarios.

Mi padre era catedrático de Enseñanzas Medias (de instituto) de la asignatura de Lengua y Literatura. Aunque murió cuando yo contaba quince años, supongo que heredé su pasión por la literatura.

Mi madre, después de aprobar oposiciones de maestra, y contra la imposición social de aquella época, que conminaba a una mujer de veintidós o veintitrés años a casarse y tener hijos, decidió cursar la carrera de Psicología y pedagogía con la finalidad de preparar oposiciones al Cuerpo de Inspectores de Educación.

Con las necesidades de la época (verdaderas dificultades, lejanas de las actuales como la compra del último modelo de iPhone), fue criticada por terminar Magisterio y, trabajando ya de maestra, pretender aspirar a la licenciatura. Su madre no le reconoció el mérito ni siquiera después de haberlo logrado ("Tenías que haberte casado antes. Tanto estudiar, ¿para qué?").

Así que, motivado por las circunstancias (mi padre murió y mi madre sufría un proceso de cáncer) mientras estudiaba Derecho, tuve claro dos cosas:

1.–Que quería aprobar una oposición (aunque no sabía cuál).
2.–Que no me dedicaría a la enseñanza.

No obstante, aunque todo hijo muestra cierta rebeldía ante sus padres, mantenía cierta vocación pedagógica, que ha cristalizado en mi tarea actual de preparador de oposiciones.

Desde que era pequeño, los padres de mis compañeros de pupitre me invitaban a merendar a sus casas para que ayudara en los estudios a sus hijos. Siempre procuré repartir generosidad y humildad, si no lo he conseguido es porque no sé hacerlo mejor. Intenté explicarles las distintas asignaturas y, sobre todo, transmitirles que el aprendizaje se hacía más fácil con cariño y buena actitud. Recuerdo un compañero marista que recordaba, muchos años después, algún truco que le había desvelado para convencerle de que iba a aprobar.

—Enrique, tómate una manzana por la noche, duerme bien y seguro que apruebas.

—Y es cierto, Pablo, al final aprobé.

Contaba unos diez años, aún no sabía inglés ni *One apple a day keeps the doctor away* ni había estudiado la importancia del sueño para la memoria, pero supongo que el entorno hace mucho y la labor pedagógica de mis padres daría su fruto.

Tengo dos hijas, todavía pequeñas para decidir a qué van a dedicar su vida. Hace unos meses me entrevistaron en el podcast de opositores "Tras el flexo" y me preguntaron sí me gustaría que prepararan oposiciones siguiendo el camino de su padre.

Contesté que las ayudaría y apoyaría para elegir la oposición que decidieran, también la de técnico de Hacienda si fuera su deseo. En cuanto a Inspección de Hacienda, lo tendría que respetar, pero no me gustaría que pasaran por ese sufrimiento.

Hablaré en el siguiente capítulo de la elección de la oposición que mejor se adapte a nuestras posibilidades. Como decía, la tradición jurídica era completamente ajena a mi familia y desconocía en qué consistía la labor de un juez, magistrado, fiscal, notario, registrador, etc.

Mis padres trabajaron en el ámbito de la enseñanza y sus amistades y conocidos pertenecían a ese mundo, que al menos a mí me resulta peculiar y excesivamente endogámico. El niño comienza en la guardería, continúa en educación infantil, sigue en su burbuja en el bachillerato, escapa un poco para vivir en un ambiente más abierto en la universidad para concluir trabajando en la misma escuela o instituto donde empezó.

3. Motivos para escribir este libro

Aunque para mi gusto no es de los mejores trabajos de la amplia trayectoria discográfica del genio de Úbeda, una de las famosas canciones de mi admirado Joaquín Sabina lleva por título: "Nos sobran los motivos".

Lo tomo prestado del autor de "Mentiras piadosas" y lo aplico a este texto. ¿Para qué escribo este libro?

Humildemente, desde mi experiencia, primero como opositor joven de veintitantos a técnico de Hacienda, después, por promoción interna a Inspección a los treinta y tantos y, actualmente, como preparador de ambas oposiciones, pretendo dar unos consejos que sirvan de ayuda en la dura tarea del opositor.

Las oposiciones son el resultado de la evolución de sistemas de selección profesional. Suponen un reajuste del favoritismo y concesión graciosa y responden a la concepción francesa del Estado surgido con la Revolución francesa. El artículo 103 de nuestra Constitución regula el acceso al empleo público según los principios de mérito y capacidad.

Hay que reconocer, no obstante, la dureza de las pruebas. Recuerdan algo de esa salida al ruedo, o al circo romano, especialmente en los orales, cuando se lanza al opositor a que luche bravamente ante un Tribunal formado por cinco miembros de las más altas instancias del funcionariado, ya sean jueces, magistrados, Inspectores de Hacienda o catedráticos de universidad.

De vez en cuando se critica este sistema, especialmente por algunos que no han obtenido los resultados esperados o pretenden instaurar de nuevo el enchufismo edulcorado con gotas de pretendida modernidad.

He podido observar que el fracaso en las oposiciones no se debe en la mayoría de los casos a falta de aptitudes intelectuales, sino a que los opositores no han seguido unas pautas básicas en técnicas de estudio, ni los profesores o preparadores habían logrado transmitir ilusión ni entusiasmo con las asignaturas de las distintas pruebas.

Posteriormente, hablaré con más detenimiento de las cualidades básicas del opositor, pero comienzo señalando que es mucho más importante la constancia, la perseverancia y la motivación que los conocimientos previos adquiridos en la universidad o las aptitudes innatas para determinadas materias como la contabilidad o el Derecho tributario.

Muchas veces escuchamos aquello de "la sobrina de mi vecino ha aprobado inspección en un año", pero normalmente los "listos" que no necesitan estudiar más que unas horas para llevar un tema perfecto son superados por opositores humildes que, a base de esfuerzo y trabajo diario persistente, logran el éxito en la oposición.

A lo largo de los capítulos expondré las estrategias necesarias que me sirvieron para lograr el éxito en la oposición y también ayudaron a conseguir su ansiada plaza a numerosos alumnos a lo largo de mis años de experiencia como preparador.

4. Naturaleza de los Inspectores de Hacienda. ¿Somos de letras o de ciencias?

Los Inspectores de Hacienda, ¿somos de letras, de ciencias o híbridos, como los modernos modelos de Toyota o los lujosos Lexus?

En nuestra oposición y en la de técnico de Hacienda (la de agente no requiere examen de Contabilidad) se mezclan artículos de la Constitución, de Derecho civil, mercantil, administrativo con fórmulas matemáticas, ratios e incluso sesudos cálculos de rentas temporales. Las actuaciones Inspectoras se documentan en comunicaciones, diligencias, informes y actas, tal y como dispone el artículo 143 de la Ley General Tributaria, nuestra norma de cabecera.

Por tanto, para redactar, aunque no sea necesaria la lírica ni la calidad literaria de Marcel Proust, es necesario un suficiente conocimiento del lenguaje, pero para llegar a calcular la liquidación debemos aplicar coeficientes, tipos de gravamen, porcentajes o alícuotas, lo que requiere ciertas habilidades matemáticas.

De este modo, adelanto que tengo por costumbre abusar de la ironía y que pretendo que en mi prosa prime la claridad, aunque sea en detrimento de la brillantez. Además de dar consejos que puedan ayudar a cruzar el camino, intentaré en todo momento salpicarlo con humor, que nos permita sobrellevar la angustia, tristeza, desánimo que nos vamos a encontrar.

Así comienzo con el campo de las letras, con un extracto de una obra de Delibes y de una columna de 1981 de mi admirado Francisco Umbral, publicada en el diario *El País* y que, pese a ser escrita hace más de cuarenta años, goza de la más rabiosa actualidad.

Para compensar, en el siguiente capítulo amenazo con citar a algún reputado doctor en ciencias aplicadas e incluso alguna fórmula que ayude a aprobar la oposición. Como decía hace unas líneas, las críticas al sistema de oposiciones no son una novedad. Pero valga de muestra esta columna para recordar el carácter entrañable del sufrido opositor en la sociedad.

5. Miguel Delibes: "Apunte para una novela"

En 1957, Miguel Delibes publica un "Apunte para una novela", que titula *Los raíles*. En ella demuestra su habilidad descriptiva con el personaje central Tim, el opositor:

"En el pecho de Tim borboteaba un sentimiento de decepción. Para él no existían **más hombres grandes que los que edificaron sus vidas**

sobre una oposición. Si él tuviera el valor de mirar a la gente a los ojos, descubriría en seguida al opositor."

6. Francisco Umbral: "El opositor"

Gran cronista y prolífico autor, Francisco Umbral recopiló en volúmenes algunas de sus crónicas, entre ellas esta, dedicada a los opositores, incluida en *Diario de un snob 2:*

"Los socialistas y otros enemigos de la sociedad pretenden suprimir las oposiciones de la vida nacional, de la carrera profesional, de la biografía gris marengo del español medio.

Una de tantas medidas demagógicas de la izquierda, porque gracias a las oposiciones tradicionales —oposiciones a cátedra, a notarías, a auxiliar administrativo, a todo—, los noviazgos duraban más, las familias se establecían más tarde y así les quedaba menos tiempo para rezar unidos y permanecer unidos hasta que el infarto nos separe.

Bueno, pues todo eso, una larga tradición de aburrimiento honesto y quinquenios, se viene abajo si quitamos las oposiciones, como quieren los socialistas, que **seguramente no han ganado nunca una oposición,** y de ahí el **resentimiento.**

Porque, vamos a ver, ¿cuántas oposiciones a funcionario del Catastro ha ganado Felipe González? Y aunque hubiese ganado alguna, eso qué es al lado de los expedientes de Fraga, número uno de su promoción y de otras promociones que ni siquiera son la suya. La derecha da números uno de su promoción, y la izquierda da incendiarios en este país. Así vamos.

Porque lo de menos en la oposición es la oposición, señores socialistas: lo importante son los valores eternos, como en todo. O sea que el opositor, mientras está en la biblioteca del Ateneo, alopécico y melancólico, estudiando sus temas, no da en partidismos, ni banderías, ni en delincuencia juvenil, ni en experiencias prematrimoniales, ni en violador del fin de semana, ni en atracador de gasolineras, ni se hace de Tierno Galván o de cosas peores.

La oposición, en mis tiempos, era una manera casta de pasar la juventud sin tentaciones, ocios, discotecas ni enfermedades. La oposición era una especie de monacato ambulante, y todos los chicos andábamos por la calle con nuestra oposición dentro, como un raro y larguísimo embarazo masculino, que al cabo de los años daba uno de sí un notario, un perito o un Inspector del Timbre que era uno mismo, pero vestido ya de novio.

Antes del Opus y otros institutos seculares, la oposición era el voto de castidad, ayuno y abstinencia que hacíamos los jóvenes españoles, porque todavía no había salido *Camino*, para guiarnos en la vida, y nos guiábamos por el Derecho administrativo, que no estaba mucho peor escrito que *Camino* y resultaba, si no más casto, sí más árido.

Miguel Delibes cuenta siempre que aprendió a escribir en los textos de Garrigues. Lo que pasa es que Miguel llevaba dentro el instinto del idioma para entenderse con las perdices y con sus amigas las truchas, pero, por muy bien escrito que estuviera el *Garrigues*, la mayoría de los castos muchachos de los años cuarenta y cincuenta tenían ese texto y otros como **libro de horas** para meditar en la complejidad y eficacia de la Administración Local, cuando les asaltaba la locura de la carne, la crucifixión rosada de Henry Miller, del que entonces no sabíamos ni de oídas.

Ha habido últimamente mucho tópico contra el franquismo, la Formación Política y los conciliarios de Acción Católica, pero lo que realmente nos templaba a los jóvenes opositores del franquismo era eso, la oposición, las catorce horas-culo diarias, el tener siempre la cabeza ocupada en los 2.000 temas de la oposición, salvo la media hora vespertina, en que sacábamos a la novia a hacer pis, como si fuera un caniche.

Aprobada la oposición, montaba uno un hogar cristiano con el caniche, y a vivir y procrear. Ayer mismo, una joven profesora me contaba sus penas e infortunios de la virtud frente al omnímodo señor Ruiz Elvira, asistida ella por Vian Ortuño, García Calvo y otros varones en su tan desigual como complutense batalla. ¿Y qué puede una pobre opositora operada contra un magno decano? (No es culpa mía si las dignidades académicas tienen apelativos de coñac.) Nada, no puede nada. Pero no por eso vamos a quitar las oposiciones memorísticas y kafkianas, que evitan el pensamiento crítico en el opositor, y no digamos el pensamiento lúbrico. Contra el porro, el punk, el aborto, el auto-stop y otras perdiciones de la juventud, el remedio recio y franquista de unas largas oposiciones."

Mantengamos los valores, lo que funciona y respetemos el trabajo de los opositores, tal y como señalaba Umbral, con su ironía habitual. La seguridad es fundamental para esa etapa tan dura.

CAPÍTULO 1.

Antes de empezar.
Decido preparar una oposición.
¿Quiero preparar una oposición
o quiero ser funcionario?

Lo primero es lo primero. ¿Quieres preparar una oposición? ¿Por qué? ¿Motivos? Primarios y secundarios. ¿Es el trabajo de tu vida? Vocación. La importancia de la primera libreta. Reto, seguridad, prestigio, conciliación. ¿Podré aprobar la oposición? ¿Tengo condiciones? Atkinson y la fórmula del éxito.

Cuando me planteé preparar una oposición, a finales de los años 90, no existían tantas guías como ahora. Tampoco abundaban las editoriales, nadie conocía Amazon ni la exagerada autoedición de estos tiempos. La calidad primaba sobre la cantidad y era muy difícil publicar.

De hecho, el problema de nuestros días es el contrario, hay sobredosis de información y, normalmente, de baja calidad. Una de las características de la sociedad actual es el exceso de actividad en las redes sociales, y, en la parte opositora, la abundancia de *coaches* y manuales de autoayuda.

Este libro no pretende ser un manual de autoayuda. Aunque abunden comentarios sobre el aspecto psicológico, que es básico en una oposición, no se trata de frases motivadoras o *buenistas* sobre el nirvana que se alcanza estudiando los artículos del IRPF o cosas así.

Antes de decidir preparar las oposiciones del Cuerpo de Gestión de la Hacienda Pública intenté buscar toda la información disponible. Tampoco había empezado Google, ni tenía ningún pariente ni conocido en Hacienda. Mi madre, Inspectora de Educación, disponía de un tocho de 800 páginas que le habían regalado en algún Congreso de Profesores de Secundaria. El libro se limitaba a clasificar las oposiciones (entonces, grupos A, B, C, D) y copiaba el texto íntegro de la convocatoria, sin añadir ni siquiera algún aderezo de explicación relativo a la finalidad de esta.

El objetivo del presente texto es servir de ayuda a las personas que se plantean dedicar unos años de su vida a preparar una oposición para, posteriormente, trabajar en la Administración Pública. Se centra en la preparación de los exámenes de acceso a los Cuerpos de la Agencia Tributaria, en particular Técnico de Hacienda e Inspección, pero muchos de los consejos son válidos, con las peculiaridades de cada sistema de acceso, para la preparación de exámenes de oposiciones a cualquier Administración Pública.

Por último, aunque seguramente los consejos sirven para cualquier oposición, están centrados en el ámbito de la Agencia Tributaria, por lo que he estructurado los capítulos haciendo referencia en algunos de ellos a instituciones del ámbito tributario.

1. Antes de preparar una oposición. Las prisas, antes. La libreta

En el momento del examen muchos alumnos se ponen nerviosos y empiezan a contestar de forma atropellada a las cuestiones que plantean los ejercicios. Por eso, mi profesor de física y química de segundo de BUP en el colegio de los Maristas de Granada nos obligaba a escribir esa frase al comienzo del mismo. Fallecido recientemente, han quedado grabadas sus palabras en los miles de alumnos que hemos pasado por sus clases.

Siguiendo al legendario maestro, lo primero es lo primero, y antes de adoptar la decisión más importante debemos dedicarle el suficiente tiempo de reflexión. Por ello, te recomiendo que te hagas estas preguntas:

1. ¿Tienes claro que quieres preparar una oposición? ¿Es el trabajo de tu vida?

2. ¿Crees que estás capacitado, tanto intelectual como sobre todo psicológicamente, para aislarte del mundo unos años y dedicarte al estudio?

3. ¿Tienes medios para ello? ¿Has pensado en las dificultades? ¿Te apoya tu familia, económica, pero, sobre todo, moralmente?

Incluso te recomiendo que busques una libreta. No hace falta que sea de Mr. Wonderful; de hecho, yo prefiero las más sencillas, las de canutillo, las de toda la vida. Y anota el día, la hora, las preguntas y las respuestas. Tómate tu tiempo, es una decisión importante. Quizás sea el trabajo de tu vida y merece la pena que dediques un tiempo, unos días, quizás unos meses, a pensar si eso está hecho para ti.

Te puede parecer una tontería ponerlo por escrito. ¿Quieres argumentos? Según estudios de Harvard, solo el 5% de los encuestados planifica sus objetivos por escrito, que suele coincidir con los que lo llevan a cabo.

Sobre todo, te invito a que te asegures de que es **tu sueño.** No el de tus amigos, ni el de tus padres. Hoy en día, estamos siendo bombardeados veinticuatro horas al día por anuncios, vídeos, imágenes en redes sociales, etc. Esto no es exclusivo de las oposiciones, pero también pasa en este campo. He conocido muchos padres que, arrepentidos de no haber alcanzado sus metas, proyectan en sus hijos esos objetivos. Recuerdo unos maestros que siempre envidiaban el prestigio de los ingenieros y arquitectos y llevaron a sus hijos al límite para que se dedicaran a ello cuando parece que no reunían condiciones para ello. También es muy común en la Agencia Tributaria los padres agentes o técnicos de Hacienda que anhelan que sus hijos lleguen a Inspectores de Hacienda.

Todo eso, con la mejor intención, está muy bien, pero el sueño debe ser tuyo. Muchas personas, después de pasar por el sufrimiento de una oposición de élite, incluso con éxito, se ven frustradas porque no era el trabajo de su vida. En mi opinión, el que prepara unas oposiciones debe agradecer cada día la oportunidad de poder invertir en su formación, siendo consciente del esfuerzo económico y sobre todo en coste de oportunidad que representa. Solo así podrá dedicar todo el esfuerzo necesario para lograr su objetivo.

Tampoco tengo fe ciega en las fórmulas del éxito. Por supuesto que puedes conseguirlo todo. Ese todo incluye aprobar una oposición. Los más jóvenes quizás penséis que esta moda de los libros de *coaching,* motivación, es relativamente nueva o nació con Instagram. Lo cierto es que no son sino una adaptación de los libros de autoayuda, que, como tantas otras cosas, copiamos de la cultura americana. Conste que he leído esta clase de libros desde que tenía apenas 10 años, ya que mi madre era licenciada en Psicología y pedagogía y he sido educado en la clase media, en la que se ahorraba en restaurantes y en viajes, pero no en libros.

En estos libros se anima a emprender cualquier camino, asegurando que, con esfuerzo y motivación, se conseguirá. Lo que os aseguro que no es cierto es que, sin ayuda y el método adecuado, se obtenga el aprobado en las oposiciones de élite. Lo trataré en posteriores capítulos, pero debes elegir una oposición acorde con tus capacidades. Pero me puedes contestar algo similar a esto:

—Es que quiero jugar en la NBA, como has indicado al principio, si lo pongo por escrito se cumplirá.
—¿Te has dado cuenta de que mides un metro sesenta?

Como ves, soy aficionado al baloncesto. De hecho, uno de mis primeros "fracasos" tiene relación con este deporte. A los quince años jugaba al baloncesto en el equipo del colegio, me gustaba y soñaba con llegar a jugar en categorías profesionales. Mis padres lo resolvieron premiándome con un campus de baloncesto con los mejores, en Málaga. Estaban invitados precisamente Spud Webb, que con alrededor de metro setenta hacía mates espectaculares, Vlado Divac, Romay, Quique Villalobos y muchos jugadores famosos.

Al conocer a los mejores jugadores de mi edad, descubrí que había algunos que eran mejores que yo, pero lo que me acabó de convencer fue el conocimiento del horario de entrenamiento. Cuatro horas diarias de lunes a viernes, encerrados en una residencia y partido con viaje los sábados. Me gustaba el baloncesto, pero para divertirme, no para sufrir.

Si quieres preparar oposiciones, prepárate para sufrir. El objetivo merece la pena, pero lo vas a conseguir con esfuerzo.

Cuando decides hipotecarte con una vivienda, estudias muchas opciones, visitas portales inmobiliarios, pisos, casas y una vez has escogido tu casa, recorres los portales de las entidades financieras buscando la mejor entidad bancaria porque sabes que vas a estar hipotecado muchos años. Pues en este caso, es tu trabajo, una de las decisiones más importantes.

Si después de informarte y consultarlo con la almohada y seres queridos, incluso con la suegra, decides que quieres preparar oposiciones, ¡enhorabuena, ánimo y vamos a ello! Nadie te obliga a hacerlo, se puede trabajar en la empresa privada o ser autónomo, todo con sus ventajas e inconvenientes. De hecho, te animo a que lo hagas, pero con conocimiento de causa. Piénsalo unos días, habla con tu familia, busca la ayuda de opositores que han pasado por ello, infórmate de las condiciones, de los exámenes que hay que superar y contacta con algún preparador que haya superado la oposición.

Huye de las academias en las que te informa un comercial. Para explicarte la oposición, las personas honestas nos presentamos, soy fulanito, Inspector, técnico, agente, etc. Si no te saben contestar por qué están ahí, mal empezamos.

Por poner un ejemplo, puede que seas un gran estudiante, pero se te den mal los orales o te provocan pánico. En ese caso, debes valorar si merece la pena ese sufrimiento para lograr tu objetivo.

Si se refiere a la Agencia Tributaria, estoy a tu disposición para ayudarte (aprobé Técnico de Hacienda y después, por promoción interna, Inspección de Hacienda), por lo que creo que estoy autorizado para informarte de esas oposiciones. En este libro encontrarás consejos que espero te sirvan de ayuda en tu camino. No entiendo ni me parece ético que personas que no han aprobado la oposición se anuncien como preparadores.

En mi opinión, lo primero es ser honrado, tanto el preparador y sobre todo el opositor, con los demás y consigo mismo. Vas a dedicar unos años al estudio de una oposición y tienes que tenerlo muy claro para iniciar esta aventura.

Cada vez que entrevisto a los futuros alumnos, siempre les repito una idea: la parte más importante y difícil es la primera decisión, ¿merece la pena dedicar algunos años de mi vida (uno, dos, tres, cuatro, cinco, incluso más) a estudiar para prepararme para formar parte de alguno de los Cuerpos que integran la Administración?

Los que integramos la Administración entendemos que sí, que lo merece, aunque hay que valorarlo y tenerlo claro. Aquí no hay términos medios, no vale "he aprobado un parcial, me he dejado tres para septiembre, la ingeniería es muy difícil…".

Si lo tenemos claro, hay que ir a por ello y poner todos los medios a nuestro alcance; una vez que nos hemos tirado a la piscina, no te puedes salir a mitad de camino, hay que intentarlo con todas nuestras fuerzas.

En junio de 2021 publiqué un artículo en el diario *El Confidencial* en el que defendía la vigencia del sistema de oposiciones ante los intentos de reforma promovidos por algunos miembros del Gobierno:

"A lo largo del texto, se irá revelando la respuesta a esa pregunta y las razones que explican que dedicara mi vida a la función pública. Hoy en día, 40 años después, mal que le pese al ministro Iceta y a algunos partidarios de acabar con el sistema de oposiciones tal y como lo hemos conocido, los jóvenes siguen queriendo ser técnicos e Inspectores de Hacienda, y la Agencia Tributaria goza de un gran prestigio y reconocimiento internacional, basado sobre todo en la calidad de los funcionarios, y desde luego muy superior al de la clase política.

El Gobierno defiende, por el contrario, que el acceso a la función pública no resulta atractivo para los jóvenes debido a las exigencias de las oposiciones, en especial las de mayor nivel. Manifiesta que 'las exigencias de tiempo, esfuerzo y dedicación que precisan muchas oposiciones pueden expulsar a candidatos que por una cuestión de tiempo o capacidad económica no pueden optar a dichos puestos'.

Por supuesto que es deseable una reforma que introduzca mejoras en las pruebas, que afronte la necesidad de una mayor formación en digitalización e idiomas y, quizás, suprima o disminuya algunos temas teóricos no relacionados directamente con las funciones de los distintos Cuerpos de funcionarios.

Pese a que los datos demuestran lo contrario (en el caso de los Inspectores de Hacienda, el aumento de las plazas convocadas y el prestigio del Cuerpo han hecho que se duplique el número de opositores en los últimos 5 años, de 495 a 1.187) se ha optado por la política de hechos consumados sin contar con los Inspectores de Hacienda o altos funcionarios del Estado, dejando las decisiones en manos de una comisión política."

En el momento en que escribo estas líneas se ha publicado en el diario *El País* una encuesta realizada por Metroscopia sobre los trabajos preferidos por los españoles. El sector público es la salida laboral preferida para el 56% de los encuestados.

En concreto, las respuestas eran las siguientes:
- Si de usted dependiera, ¿dónde preferiría trabajar?
  En este caso, el 46% prefería ser funcionario del sector público, frente a un 26% que optaba por ser asalariado en el sector privado, o un 26% por ser autónomo o empresario.
- Si solo tuviera estas dos opciones para trabajar, el 56% optó por el sector público, frente al 44% que preferiría el privado.

En mi opinión, para ser honestos, habría que completar las preguntas con el siguiente matiz: los españoles quieren tener la seguridad de un trabajo público, la garantía de las condiciones laborales, respeto de los derechos, aceptando un sueldo no muy elevado, pero sí seguro, con sus pagas extra en junio y diciembre, y retribución de las horas extraordinarias en su caso.

Por el contrario, si se les preguntara si están dispuestos a encerrarse a estudiar durante al menos tres años unas nueve horas diarias sin ninguna seguridad, con la incertidumbre de si aprobarán o suspenderán la oposición, seguramente el 56% se convertiría en un 5 o 10%.

En los trabajos del sector privado, la búsqueda de empleo, si bien puede resultar también penosa, desde luego es mucho más rápida. En caso de reunir las condiciones y superar la entrevista, normalmente se empieza a trabajar.

En realidad, hay que plantearlo como un trabajo un poco especial, debes trabajar unas ocho o nueve horas diarias, pero con flexibilidad geográfica (y más hoy en día con las facilidades tecnológicas) y horaria (aunque recomiendo un horario normal, si es posible). De lunes a sábado (un día de descanso a la semana), y con 15 días de descanso en verano y una semana en Navidad.

La preparación de las oposiciones, sobre todo las de élite, requiere una fuerte competencia, que se traduce en la necesidad de la "entrega total", un estado de concentración y sacrificio pleno. Este esfuerzo y concentración en jornadas de 50 o 60 horas semanales, que puede parecer una tortura para la mayoría, es el estado de plenitud para determinado tipo de personas.

4. ¿Podré hacerlo? ¿Seré capaz? La fórmula del éxito

Estamos en la era de las comunicaciones y con la irrupción de Instagram, cada vez es más frecuente el uso de *reels* y de directos. En uno de mis primeros vídeos me dirigía a mis seguidores y les preguntaba: "¿Conocéis la fórmula del éxito en las oposiciones? Pues yo tampoco".

Obviamente, no existe una fórmula infalible para aprobar la oposición. Pero sí se pueden dar muchos consejos, enseñanzas, fruto de la experiencia, que ayudarán a estar en mejor disposición de lograr el aprobado. A mis alumnos siempre les enseño que yo muestro el camino más corto, pero lo deben recorrer ellos.

Sin embargo, el brillante psicólogo John William Atkinson, pionero en el estudio científico de la motivación humana, enunció dichas fórmulas del éxito, que también serían aplicables a las oposiciones. Aclaro que se trata del psicólogo estadounidense, no del famoso actor y comediante británico Rowan Atkinson, más conocido como Míster Bean. Aunque hay que reconocer que las cotas de éxito alcanzadas por Mr. Bean han sido muy superiores.

Bueno, volviendo al psicólogo, que, como hombre de ciencias, afirma haber demostrado que el motivo básico del comportamiento humano es la "necesidad de logro", de éxito podríamos traducir, u "objetivos", como se suele denominar en el lenguaje empresarial.

Estamos hechos para el éxito. El hombre tiende a mejorar sus resultados en un nivel de competitividad. En el caso de las oposiciones, esta competencia se lleva al máximo, ya que hay pocas plazas para muchos aspirantes.

Es una de las razones por las que es tan importante la educación recibida en el hogar y que los padres hayan sabido valorar los logros de sus hijos.

Expone que la conducta humana está dirigida por la interacción de dos motivos: la esperanza del éxito y el miedo al fracaso. Hay dos clases de personas: positivas y negativas. Las que se mueven para obtener el éxito y las que se mueven para evitar el fracaso.

Por tanto, la conducta del hombre de éxito es siempre la tendencia al éxito (Te) menos la tendencia a evitar el fracaso (Tf).

Para explicarlo, acudiríamos a la imagen de un coche en el que vamos pisando el acelerador del éxito, hasta que nos aparece el miedo y levantamos el pie del acelerador e incluso pisamos el pedal del freno atenazados por el miedo. Lo podemos apreciar incluso en jugadores profesionales de altísimo nivel que en los momentos estelares fallan un tiro libre o un penalti pese a ser prácticamente infalibles en condiciones normales.

Como a los matemáticos les gustan las fórmulas, desarrolló incluso los factores, exponiendo:

Me = Motivos de éxito. La importancia de la motivación.

Ee = Expectativa de éxito.

Ie = Incentivo de éxito.

Mf = Motivos para evitar el fracaso.

Ef = Expectativa de evitar el fracaso.

If = Castigo.

Por ello, tanto la tendencia al éxito (Te) como la tendencia a evitar el fracaso (Tf) son el producto de tres factores:

$$Te = (Me \times Ee \times Ie)$$

$$Tf = (Mf \times Ef \times If)$$

Las personas de éxito, por pocos que sean los beneficios que obtengan, incrementan su ilusión y sus deseos de llegar hasta el final. Por otra parte, los obstáculos que van encontrando les sirven de estímulo, como se suele decir: "se crecen ante las dificultades".

Pero pasemos de las palabras a los hechos, o de la teoría a la práctica. En mi caso funcionó totalmente, yo era un alumno brillante y obtuve las mejores calificaciones en el colegio tanto en primaria, como en el bachillerato. No obstante, llegué a la Facultad de Derecho y consagré mi vida universitaria al *carpe diem* y al *carpe noctem,* con lo que, falto de motivación, mi rendimiento bajó considerablemente.

Sin embargo, empecé la oposición a tope, intentando aprobar en un tiempo récord y superé a alumnos con muchos más años de preparación, llegando a ser uno de los opositores más jóvenes en aprobar.

También comprobé el caso contrario. Alumnos ejemplares en la carrera que estaban acostumbrados a superar con notables o sobresalientes las asignaturas se vieron superados por la presión familiar, social, etc., y no fueron capaces ni siquiera de aprobar el primer examen.

Esta fórmula del éxito, estos hábitos que te cuento, son los que ponen en práctica de forma natural e intuitiva todos los "ganadores", no solo en el ámbito opositor, sino en todas las facetas de la vida.

Estas personas que parecen disponer de "suerte" o de una fórmula mágica cuando en realidad simplemente se trata de que destinan todo su potencial físico, mental, social a elegir el éxito.

Su única opción posible es el éxito y los pequeños accidentes no son calificados como fracasos, sino como enseñanzas para éxitos futuros.

CAPÍTULO 2.

Clases de oposiciones.
La elección.
Csihe cth ahp csva.
Ceva

Oposiciones. La elección: he decidido preparar una oposición de hacienda: ¿agente, técnico o inspección? Análisis previo y sincero de mis cualidades. Breve explicación de los métodos de procedimiento de las distintas oposiciones. La formación de un inspector de hacienda

Una vez que nos hemos informado sobre los requisitos para preparar una oposición y si estamos dispuestos a afrontar el esfuerzo que supone, el siguiente paso consiste en elegir la oposición más adecuada a nuestras capacidades.

Para ello hay que tener en cuenta las diferentes pruebas que debemos superar. Incluso en algunas de ellas hay pruebas físicas. Desconozco totalmente las pruebas físicas, por lo que no me siento autorizado para hablar sobre oposiciones de policía, bombero, etc. Tengo muchos amigos, compañeros de Derecho que han aprobado las oposiciones al Cuerpo de Inspector de Policía, que requiere la superación de unas pruebas físicas, aunque creo que no son muy exigentes. Por el contrario, las pruebas físicas que permiten el acceso a las plantillas de bomberos de distintas entidades locales tienen fama de ser de las más duras.

En la Agencia Tributaria hay un Cuerpo que también debe superar pruebas físicas, los agentes de vigilancia aduanera, una especie de policía fiscal, bastante desconocida. Mencionaré las oposiciones de los grupos

A1 y A2 de vigilancia, que son parecidas en el temario a las de Hacienda Pública (si bien un poco más asequibles).

Con el fin de abordar la elección desde un punto de vista práctico, aporto mi experiencia y los motivos que me llevaron a elegir la Agencia Tributaria y, en concreto, la oposición de Técnico de Hacienda. Cuando terminé la selectividad, en la que cursé Letras mixtas, dudaba entre estudiar la carrera de Derecho o Económicas o Empresariales (actualmente existe el Grado Derecho + ADE, que sería el más recomendable para las oposiciones a la Agencia Tributaria).

Para preparar las oposiciones a la Agencia Tributaria hay que combinar el Derecho con la Contabilidad y Matemáticas financieras. Por ello, los estudiantes que sufren cierta alergia a los números suelen descartar estas oposiciones. Por el contrario, para los estudiantes de Derecho que se llevan bien con estas materias supone una gran ventaja, ya que suman el conocimiento de las fuentes del Derecho, así como la costumbre de exámenes con "tochos" importantes, e incluso algunos han practicado en la carrera universitaria los exámenes orales. No es lo mismo que la oposición, pero es un buen aprendizaje.

En mi experiencia, es bastante más cómodo para un opositor de Derecho estudiar Contabilidad que para un opositor procedente de ADE o Económicas entender el complejo vocabulario jurídico y, sobre todo, adaptarse a un volumen de temario tan amplio como el requerido en estas pruebas.

En cualquier caso, este es el punto de partida. Una vez terminado el grado universitario, comienza una nueva etapa. Si partimos con ventaja, mejor, pero si no es así, en realidad acabamos de empezar el camino.

Las oposiciones son muy diferentes, y hay que tenerlo claro desde el principio. Es muy atractiva la idea de acceder a un Cuerpo superior, como el de Inspectores de Hacienda del Estado, con un prestigio y remuneración por encima de la mayoría de los funcionarios que trabajan al servicio del Estado, de las Comunidades Autónomas o demás Administraciones Públicas. Es significativo que muchas de ellas hayan cambiado su denominación para llamarse Agencia Tributaria andaluza, madrileña, etc., intentando seguir los pasos de la auténtica Agencia Tributaria.

Procedo a exponer en líneas básicas las diferentes oposiciones de la Agencia Tributaria. Aunque, como decía anteriormente, hay muchos puntos en común que son aplicables a otro tipo de oposiciones (A1, A2) de otros Ministerios y, en general, los tiempos requeridos para aprobar la oposición, e incluso las jornadas de estudio, son similares a otras oposiciones de élite. En algunas grandes capitales hay residencias especializadas para opositores, en las que coinciden aspirantes a jueces, fiscales, notarios, registradores de la propiedad e Inspectores de Hacienda.

1. OPOSICIONES AL GRUPO A1: CUERPO SUPERIOR DE INSPECTORES DE HACIENDA DEL ESTADO. CONVOCATORIA: BOE 26 DE ABRIL DE 2021. 102 PLAZAS TURNO LIBRE, 50 PROMOCIÓN INTERNA.

**ÚLTIMA CONVOCATORIA
(CUERPO SUPERIOR DE INSPECTORES DE HACIENDA DEL ESTADO
CONVOCATORIA: BOE 28 de diciembre de 2024.
192 PLAZAS TURNO LIBRE 94 PROMOCIÓN INTERNA.)**

Es una de las oposiciones de mayor prestigio de la Administración Pública y, en el desarrollo de su carrera, puede optar a destinos tanto en la Agencia Tributaria (en puestos directivos como Administrador, Jefe de Dependencia, Delegado) como en los Tribunales Económico-Administrativos, ostentando cargos de vocal o presidente, o participando directamente en la formación de las normas en la Dirección General de Tributos.

Es una oposición de grupo A1, el puesto de entrada es nivel 26, y en uno o dos años se accede al nivel 28. En el caso de optar a puestos de libre designación, hay diversos destinos con complementos de nivel 29 y 30.

Como conté en la introducción, he trabajado en diversos destinos tanto en el Cuerpo Técnico como en Inspección. Aunque no me quiero extender en este punto, también existe la posibilidad muy atractiva de trabajar como experto nacional destacado en la Unión Europea o en organizaciones internacionales de prestigio como la OCDE, con retribuciones muy interesantes, en especial por la fiscalidad, además de aportar una experiencia muy enriquecedora.

También es cierto que muchos compañeros prefieren un trabajo más estable, empiezan en una especialidad (Gestión, Aduanas o Inspección), encuentran su zona de confort, se sienten más seguros o simplemente no quieren cambiar de lugar, y viven cuarenta años en esa área funcional. Esta opción es muy habitual, especialmente en Inspección financiera.

El temario es muy extenso (más de 200 temas) y hay muchos exámenes (cinco, entre ellos os orales), lo que requiere mucho tiempo de preparación, lo que hace que solo se presentaran unas 500 personas en las últimas convocatorias. En los últimos años se ha incrementado de forma notable el número de plazas, de las 30 de hace unos años a más de 100 en las dos últimas convocatorias. En ese sentido, no hay que preocuparse excesivamente por las plazas ofertadas, de hecho no se suele cubrir ni la mitad. Ello ha motivado un incremento del número de opositores en los últimos cinco años (en concreto, de 495 a 1.187), como señalaba anteriormente.

Por una parte, se permite sustituir el examen de idioma por la presentación de un título que acredite la titulación. " En la modalidad de acreditación de los conocimientos mediante titulación, alternativa de la anterior, las personas aspirantes podrán acreditar su conocimiento de inglés, francés o alemán, presentando alguno de los títulos que se incluyen en el anexo IV, que corresponda con un nivel B2 o superior del idioma escogido, conforme al Marco Común Europeo de Referencia para las Lenguas, siempre y cuando dicho título se haya obtenido en los cinco años anteriores a la fecha de finalización del plazo de presentación de instancias de esta convocatoria."

Pero la modificación más relevante es que, con la intención de facilitar el aprobado, en las últimas convocatorias se ha incorporado la posibilidad de conservar los aprobados en el examen en el sistema de acceso libre y de promoción interna.

En el caso de los aspirantes por el turno libre, "en cada uno de los ejercicios que superen, se les conservará la calificación en la convocatoria inmediata siguiente, siempre y cuando participen por la misma forma de acceso y los ejercicios sean esencialmente análogos en el contenido del temario, en la naturaleza de los mismos y en la forma de calificación, salvo actualización normativa."

En lo que respecta a la promoción interna, dicha reserva se amplía a dos convocatorias: "en cada uno de los ejercicios que superen, se les conservará la calificación en las dos convocatorias inmediatas siguientes, siempre y cuando participen por la misma forma de acceso y los ejercicios sean esencialmente análogos en el contenido del temario, en la naturaleza de los mismos y en la forma de calificación, salvo actualización normativa."

Dado lo largo que es el desarrollo de los exámenes (prácticamente un año, al que hay que añadir otro año en prácticas en el instituto de Estudios Fiscales), en los últimos años ya se había incluido la posibilidad de guardar los 2 primeros exámenes, en el caso de los aspirantes al turno libre. Ahora se ha extendido a los cuatro primeros exámenes.

Dado lo largo que es el desarrollo de los exámenes (prácticamente un año, al que hay que añadir otro año en prácticas en el Instituto de Estudios Fiscales), en los últimos años se ha incluido la posibilidad de guardar los dos primeros exámenes, en el caso de los aspirantes al turno libre.

Igualmente, en el caso de superar determinada nota, en el caso de los aspirantes de promoción interna, se les exime de realizar el dictamen del tercer ejercicio para la siguiente convocatoria.

La estructura de los exámenes es la siguiente:

1. 59 temas. Cuatro horas para contestar un cuestionario de 14 preguntas sobre: Derecho civil, mercantil, Economía general y de empresa.

2. Cuatro horas. Resolución de supuestos prácticos de Contabilidad y Matemáticas financieras.

3. Primera parte. Cuatro horas. Resolución de un dictamen sobre los temas del quinto ejercicio de Derecho tributario (parte general y especial).

   Segunda parte. Traducción de un texto escrito en inglés, francés o alemán, a elección del aspirante.

4. 68 temas. Exposición oral durante una hora de cuatro temas de Derecho constitucional y administrativo (2 temas), Hacienda pública (1) y Sistema financiero español (1).

5. 63 temas. Exposición oral durante 45 minutos de tres temas de Derecho financiero y tributario español.

En la página web del Instituto de Estudios Fiscales (www.ief.es) se publican los enunciados de los exámenes de las últimas convocatorias. La verdad es que la simple lectura del enunciado del dictamen provoca mayor pánico que las películas más terroríficas. Pero, tranquilos, todo se aprende. Aunque no lo parezca, los Inspectores somos seres humanos y no nacimos con un chip en el que se incluía la tributación de las operaciones de fraude complejo. Como en todo proceso de aprendizaje de lo que merece la pena, se necesita trabajo, buenos profesores y paciencia.

La mayor dificultad de esta oposición está en la amplitud del temario, así como en los orales. El proceso dura casi un año y cuando has terminado el último examen, te encuentras la siguiente convocatoria. De modo que, si tienes suerte y consigues aprobar la oposición, has pagado feliz e inútilmente la tasa del año siguiente.

La resistencia es puesta a prueba. ¿Podremos estudiar cinco años, seis, siete?

Ojalá sean menos, pero hay que pensarlo antes, estar dispuesto y preparado para que se alargue. Repito la recomendación de anotarlo en un papel y recordarlo en los momentos malos, las "pájaras" de los Pirineos, los Dolomitas de la oposición, cuando la carretera se empina y parece que en el horizonte no se divisa el final del camino.

Explico brevemente cómo se suele preparar esta oposición. Aunque parezca extraño, se empieza por la preparación del último examen, el quinto, con "el cante". ¿Los Inspectores de Hacienda estamos locos? Es posible, no lo descarto, pero tiene su lógica.

El primer examen (recuerdo que es escrito, de Derecho civil, mercantil y Economía) es el más fácil, y no requiere tanto tiempo de preparación, por lo que se suelen reservar dos o tres meses para su estudio, cuyo comienzo se retrasa al momento de la convocatoria, o incluso al momento en que se ha fijado la fecha de este.

De ahí que el resto de los meses del año se dediquen a los orales, comenzando por el quinto, ya que la materia sobre la que trata (Derecho financiero y tributario español) es la que compone el dictamen práctico, el tercer examen, por lo que, sin su estudio, es imposible afrontar con garantías su realización.

Todo ello, al igual que en la preparación del Cuerpo Técnico, de la que hablaré posteriormente, debe combinarse con el estudio de Contabilidad financiera y de sociedades y Matemáticas financieras. Si bien es complicado, la verdad es que se agradece ver números después de tantas horas de estudio de artículos.

Para algunos estudiantes procedentes de Derecho, la Contabilidad es una auténtica tortura, por lo que recomiendo regresar a la lectura del primer capítulo relativo a la elección de la oposición. Entiendo, y así fue en mi caso, que a pesar del miedo que "me metieron" con la Contabilidad, me resultó amena y un oasis entre tanta legislación.

Hay personas que incluso se atreven a hablar de reparto de porcentajes de estudio entre el Derecho y la Contabilidad, sugiriendo un 30% para los supuestos contables. Yo lo reduciría al 20.

Por último, apenas reservo una línea para comentar el examen de idiomas, habitualmente el inglés (se puede elegir entre inglés, francés o alemán). Es eliminatorio en la oposición de Inspección (no así en la de Cuerpo Técnico) y apenas se le dedica tiempo, no por "ir de sobrados", sino porque es muy difícil arrancar tiempo a los temas y a la Contabilidad. Entiendo que con un nivel B1 se puede aprobar, aunque es más recomendable partir con un B2.

Como he comentado al principio del capítulo, actualmente basta con la presentación del título acreditativo.

2. OPOSICIONES AL GRUPO A1: CUERPO SUPERIOR DE VIGILANCIA ADUANERA.
CONVOCATORIA: BOE 19 de abril de 2021.
17 PLAZAS TURNO LIBRE 17 PROMOCIÓN INTERNA.
ÚLTIMA CONVOCATORIA: BOE 28 de diciembre de 2024.
72 PLAZAS TURNO LIBRE 72 PROMOCIÓN INTERNA.

En el caso de las oposiciones de Vigilancia Aduanera, hay que distinguir las de Investigación, que son parecidas a las de Hacienda, de las de Navegación y Propulsión, que además incluyen pruebas físicas.

Simplemente me remito a la lectura de la convocatoria y cuento que es una oposición muy interesante y desconocida, lo que motiva que no haya muchos candidatos. De hecho, son tan escasos que a las grandes editoriales no les merece la pena el gasto y no elaboran temario específico.

3. OPOSICIONES AL GRUPO A2: TÉCNICOS DE HACIENDA. ÚLTIMA CONVOCATORIA: BOE 28 de diciembre de 2024. 483 PLAZAS TURNO LIBRE 519 PROMOCIÓN INTERNA.

Es una oposición de grupo A2, el puesto de entrada es nivel 20, y en uno o dos años se accede al nivel 22 y, en pocos años, en especial en zonas con déficit funcionarial como Cataluña, Baleares o Canarias, a nivel 24. En el caso de optar a puestos de libre designación, alcanzan el nivel 26, hay diversos destinos con complementos específicos incluso más elevados que muchas plazas del grupo A1.

Adscrito a la AEAT, son funciones propias de este Cuerpo las relativas a la gestión, inspección y recaudación del sistema tributario estatal y aduanero. Posiblemente, se trate de la oposición más interesante del grupo A2, tanto a nivel de prestigio como de retribuciones, que superan a los de la mayoría de los puestos del grupo A1 de otros Cuerpos funcionariales.

Aunque el sueldo es variable, ya que depende del complemento de productividad, habitualmente se superan los 40.000 euros brutos en el primer o segundo año, y a lo largo de la carrera un nivel 26 alcanza o supera los 60.000 euros brutos. En puestos de libre designación se supera ampliamente esa cifra.

La oposición consta de tres ejercicios:

1.º Primera parte. Dos horas y media. 46 temas. Cuestionario de 24 preguntas sobre Derecho civil, mercantil, constitucional y administrativo, Economía general y de empresa.
Segunda parte. Traducción de un texto escrito en inglés, francés o alemán, a elección del aspirante. Destaco que esta parte no es eliminatoria, solo sirve para "subir nota".

2.º Cuatro horas. Resolución de supuestos prácticos de Contabilidad y Matemáticas financieras.

3.º Primera parte. Tres horas. 38 temas. Cuestionario de 24 preguntas sobre Derecho financiero y tributario español.

Segunda parte. Desarrollo en hora y media de un tema extraído al azar de la misma materia que la primera parte, si bien hay 10 temas que no forman parte de este examen, por lo que se reducen a 28 los temas en los que el opositor se juega la plaza.

"Consistirá en desarrollar por escrito, en un tiempo máximo de hora y media, un tema, a elegir entre dos extraídos al azar, de entre los del anexo III.1.4 «Derecho Financiero y Tributario Español», excluidos los temas números 1, 2, 3, 17, 21, 27, 28, 32, 37 y 38.

El tema deberá ser leído por la persona aspirante, en sesión pública, ante el Tribunal."

Por primera vez en la historia, desde la última convocatoria, se permite la reserva de los exámenes aprobados para la convocatoria siguiente.

Por otra parte, como he señalado, en el tercer examen se escoge un tema entre los dos extraídos al azar, a diferencia de lo que ocurría anteriormente.

La mayor dificultad de esta oposición se encuentra en compaginar el estudio de los temas con la Contabilidad y Matemáticas financieras. Una de las preguntas más frecuentes que suelo contestar (las famosas FAQ) es: ¿cuántos años se tarda en aprobar la oposición?

Muchas personas aprueban en un año, pero es más factible pensar en superarla en dos o tres años. Valga aquí lo dicho para Inspección: ojalá sean menos, pero hay que pensarlo antes, estar dispuesto y preparado para que se alargue. Repito la recomendación de anotarlo en un papel y recordarlo en los momentos de "bajón".

Explico brevemente el método habitual de preparación. En este caso, sí se empieza con el estudio del primer examen (recuerdo que es escrito, de Derecho civil, mercantil y Economía), es el más fácil, siempre combinándolo con la Contabilidad.

Expongo sucintamente los errores que son, a mi juicio, más habituales a la hora de afrontar esta oposición:

Perder un año o dos sin estudiar al máximo. Dedicarse solo a la Contabilidad. Pensar que aún se está en la carrera.

Muchos de estos fallos hay que atribuirlos a algunas academias que, en algunos casos, incluso alargan la preparación en su propio beneficio primando el interés de los profesores al de los opositores, convirtiendo un proceso selectivo que podría concluirse en dos años en seis o siete.

Recuerdo, **EL OPOSITOR** con mayúsculas es el protagonista, el importante, al que hay que cuidar.

En lo que respecta a la estructura del proceso selectivo, el primer examen, aun siendo el más asequible, tiene su dificultad, en especial para los alumnos que no han cursado Derecho, ya que tienen que adaptarse a estudiar mucho contenido, legislación y suelen necesitar unos meses para poder aprender artículos.

La Contabilidad es más agradable para estudiar que los sufridos códigos (al menos a mí me lo parece, pese a venir de Derecho), aunque si se atraganta, puede hacer cuesta arriba la preparación. Es recomendable el apoyo de un preparador que dulcifique el estudio. En mi caso, cuando aprobé las oposiciones de Gestión de Hacienda en 1996, Crovetto no era el profesor que más sabía de esa materia, pero sí un magnífico comunicador y transmitía pasión por el conocimiento y el sacrificio necesarios para aprobar. Con su ayuda, aprobaron tantos alumnos que motivaba que opositores de otras provincias se desplazaran a Granada para estudiar con él.

De todas formas, no hay que olvidar que opositamos a la Agencia Tributaria, no al Cuerpo de Contadores, por lo que la plaza se decide en el tercer examen, dedicado a esta materia. El nivel de los aspirantes que alcanza este último examen dificulta el aprobado. Ya no se trata de competir con "los que iban a probar suerte", sino con los más preparados. Por ello es básico practicar, tener un buen profesor de tributario y hacer simulacros del tema de desarrollo. Intento que mis alumnos al menos hayan escrito una vez los 28 temas que forman parte de este último examen.

Les repito que no parece lógico que un atleta que se juega un campeonato o unas olimpiadas se presente a la carrera decisiva sin haber practicado previamente, habiéndose limitado a hacer rodillo o correr en la cinta en el gimnasio.

4. **OPOSICIONES AL GRUPO A2: CUERPO EJECUTIVO DE VIGILANCIA ADUANERA.**
    CONVOCATORIA: BOE 19 DE ABRIL DE 2021.
    17 PLAZAS TURNO LIBRE, 17 PROMOCIÓN INTERNA.
    ÚLTIMA CONVOCATORIA: BOE 28 de diciembre de 2024.
    136 PLAZAS TURNO LIBRE 150 PROMOCIÓN INTERNA.

En el caso de las oposiciones de Vigilancia Aduanera, hay que distinguir las de Investigación, que son parecidas a las de Hacienda, de las de Navegación y Propulsión, que además incluyen pruebas físicas.

Repito lo dicho respecto a las oposiciones al grupo A1 de esta especialidad, si bien en este caso hay que señalar que el primer y segundo examen son prácticamente idénticos a los de acceso al Cuerpo Técnico de Hacienda (realmente son más fáciles).

Ello permitió que una de mis alumnas de Cuerpo Técnico de Hacienda se presentara, para probar, y una vez aprobados los dos primeros exámenes con muy buena nota, se arriesgó en la preparación del tercero (que incluye temas específicos de aduanas, contrabando e incluso algo de Derecho penal). Le fue muy bien y alcanzó el número 14 de la oposición.

Como decía anteriormente, es una oposición muy interesante y desconocida, lo que motiva que no haya muchos candidatos. De hecho, son tan escasos que las grandes editoriales no elaboran temario específico.

5. **OPOSICIONES AL GRUPO C1: AGENTES DE LA HACIENDA PÚBLICA.**
    CONVOCATORIA: BOE 25 DE MAYO DE 2021.
    400 PLAZAS TURNO LIBRE, 130 PROMOCIÓN INTERNA.
    ÚLTIMA CONVOCATORIA: BOE 28 de diciembre de 2024.
    851 PLAZAS TURNO LIBRE 443 PROMOCIÓN INTERNA.

La oposición consta de dos ejercicios:

1.º Primer ejercicio: consistirá en contestar por escrito un cuestionario de cien preguntas de respuesta múltiple sobre las siguientes materias: Organización del Estado y funcionamiento de la Administración General del Estado. Derecho administrativo general y Organización de la Hacienda Pública y Derecho tributario.

Para cada pregunta se propondrán diversas respuestas, siendo solo una de ellas la correcta. Los aspirantes marcarán las contestaciones en la correspondiente hoja de examen.

Cada pregunta correctamente contestada se valorará con un punto. La puntuación directa del primer ejercicio se calculará conforme a la fórmula siguiente: $A - [E / 4]$ (siendo A el número de aciertos y E el de errores). Las preguntas no respondidas o nulas no se computan.

La duración máxima de esta prueba será de sesenta minutos.

2.º Segundo ejercicio: consistirá en contestar por escrito un supuesto teórico-práctico relacionado con el anexo 3.3 «Organización de la Hacienda Pública y Derecho Tributario» del programa.

El tiempo máximo para la realización de este ejercicio será de dos horas treinta minutos.

Es una oposición interesante, seguramente también una de las mejores opciones del grupo C1. Muchas personas optan por empezar por el Cuerpo de Agentes con la intención de aspirar por promoción interna al Cuerpo Técnico.

Como he repetido varias veces, aunque conozco muchas personas que han aprobado la oposición y he preparado a muchos alumnos pertenecientes al Cuerpo de Agentes de la Hacienda Pública que han superado por promoción interna las oposiciones al Cuerpo Técnico de Hacienda, no me siento cualificado para explicar con detalle este proceso selectivo, ya que nunca he preparado esta oposición. Aprobé directamente la oposición al Cuerpo de Gestión de la Hacienda Pública (actual Cuerpo Técnico de Hacienda) y después, por promoción interna, la oposición al Cuerpo Superior de Inspectores de Hacienda del Estado.

Lo que sí quiero destacar es que es una oposición muy específica y, al contrario que en otras oposiciones generalistas del Estado, la preparación para la oposición al Cuerpo Técnico de Hacienda, aunque sea útil, no es suficiente para aprobar las pruebas de acceso al Cuerpo de Agentes. El desarrollo de los ejercicios es muy distinto, incluye un tipo test muy exigente y, al ser el temario mucho más reducido, el grado de profundidad exigido es mayor. Por otra parte, al no realizarse ningún ejercicio de Contabilidad o Matemáticas financieras, los opositores con formación en estas materias, y que gozarían de ventaja en esta parte, no la podrían aprovechar.

CAPÍTULO 3.

El opositor.
El protagonista de la historia.
El auténtico obligado tributario.
Sujeto activo, nunca sujeto pasivo

EL OPOSITOR. Virtudes del buen opositor. La importancia de la humildad. La resiliencia y la perseverancia

El artículo 35 de la Ley 58/2003, General Tributaria, define y enumera los obligados tributarios en los siguientes términos:

"Clases de obligados tributarios.

Son obligados tributarios las personas físicas y jurídicas a las que la ley les **impone el cumplimiento** de las obligaciones materiales y formales."

Como describe el texto más importante del Derecho tributario, la ley le impone el cumplimiento de las obligaciones. El protagonista en la oposición es **EL OPOSITOR**, escrito así, con mayúsculas. Muchas veces intentamos cargar las culpas en otros factores, pero una de las virtudes de la oposición es la enseñanza de una serie de valores, entre ellos el de la responsabilidad, el responsable es el opositor.

Es frecuente escuchar comentarios del tipo "que había pocas plazas, la academia era mala, solo aprueban los enchufados" o, por el contrario, pensamos que, con el apoyo de unos buenos padres, un gran respaldo económico, los mejores medios, mi niño que recientemente ha terminado la carrera de Derecho con buenas notas seguro que llegará a Juez como su padre.

Por supuesto que todos esos factores ayudan, pero hay muchachos humildes con muchísimas dificultades económicas que aprueban oposiciones de Cuerpos Superiores como Registros, Notarías, Oposiciones al Cuerpo Diplomático y, por el contrario, hijos y nietos de Jueces, por poner un ejemplo, que no tienen capacidad o actitud para aprobar una oposición.

Conozco hijos de Notarios o Registradores que se pasan más de diez años opositando. de manera que podríamos decir que su verdadero trabajo en la vida ha sido el de opositor.

"He matriculado a mi hijo en la mejor academia privada de Madrid, en el colegio mayor más famoso, y seguro que aprueba."

Pues, ¡ojalá!, pero no es tan simple, depende de muchos factores. Paso a enumerar alguna de las virtudes que debe tener un opositor.

1. Humildad sí, pero confianza perseverancia. Resistencia y resiliencia las personas de éxito

En primer lugar, quiero llamar la atención sobre la humildad. Esta virtud consiste en no creerse mejor que los demás, lo contrario de la soberbia.

Aunque parezcan conceptos contradictorios, la seguridad y confianza en nuestras posibilidades no es incompatible con la humildad, sino que puede, y debe, ser complementaria.

Por una parte, en la oposición, al igual que en muchos aspectos de la vida, las personas de éxito se caracterizan por tener la seguridad de que dirigen el curso de su vida.

Hay que tener objetivos que sean claros y estar dispuesto a luchar por ellos. Eso no implica renunciar a la ayuda de los demás. El éxito ante cualquier objetivo empieza por uno mismo.

Si queremos llegar a un sitio, debemos tener claro que lo vamos a lograr, para lo que resulta muy importante practicar la visualización.

La oposición es una de las mejores escuelas de humildad. Con excepción de los números uno (y aun así, teniendo en cuenta que es mejor ser el último del año anterior al primero del siguiente), lo habitual es el caso del opositor que en la universidad ha sido un alumno brillante y no ha encontrado ningún problema en superar las asignaturas de la carrera, incluso sin estudiar todos los días, pegándose atracones en época de exámenes, y cuando empieza a preparar Notarías, Judicatura, Inspección de Hacienda, se encuentra en el furgón de cola o en la mediocridad de los aspirantes intentando superar por los pelos los exámenes de la oposición.

Una vez terminada la carrera, se va a enfrentar con los mejores y con un número limitado de plazas; aquí no basta con superar un temario, hay que formar parte de un grupo compuesto por los 30, 40 o 50 mejores opositores de España.

La fortaleza mental se pone a prueba una vez más, día a día, semana a semana.

Humildemente, entiendo que hay que tenerle respeto al examen, no miedo, pero sí respeto, ese respeto va dedicado al Tribunal que elabora las preguntas y a los compañeros que luchan por el mismo objetivo.

La humildad se dirige en un doble plano: en primer lugar, humildad para **aceptar el suspenso** y en segundo lugar, para aceptar las críticas, correcciones del preparador. Este sentimiento es necesario cuando uno voluntariamente va a someterse a los consejos de otra persona. Solo cuando se admite ser menos que el otro se puede apreciar como valiosa la corrección que este le hace.

Evidentemente, es muy duro, especialmente en los exámenes orales, dedicar toda la semana varias horas a preparar unos temas, llegar al preparador y que esta persona te diga que no es suficiente para el nivel exigido.

Por otra parte, la humildad es muy importante a la hora de enfocar la estrategia de estudio. El que, siendo consciente de sus capacidades, cree que puede mejorar, siempre alcanzará un resultado mejor.

2. La perseverancia

La experiencia nos demuestra que es la virtud más importante para aprobar la oposición. Hay que tener en cuenta que se trata de alumnos que han superado una carrera universitaria, hoy en día incluso muchos de los opositores tienen un doble grado, idiomas, formación adicional, etc.

Una vez más utilizando el símil atlético, esos resultados no son más que una carrera de 100, 200 o 400 metros lisos comparados con la maratón en la que van a competir. Han demostrado que superan distancias cortas, pero ahora se trata de resistencia, de soportar días malos, semanas extenuantes, incluso en oposiciones de élite años perdidos.

3. Autoexigencia. Retos. Objetivos

Una vez más, aunque hablaré de ello posteriormente, es fundamental el consejo del preparador, que servirá de faro, de guía para confirmar que llevamos buen ritmo, o para alertarnos que con ese ritmo no llegaremos a buen puerto.

Es duro decirlo, pero a algunos opositores, en mi función de preparador, les he tenido que dar un baño de realidad:

"A este ritmo, te auguro unos 12 o 13 años para que estés en condiciones de aprobar."

Hay que ser honrado. Si aceptas la condición de preparador, debes estar preparado para estos momentos duros. Hay que ser agradable, comprensivo, incluso cariñoso, pero sobre todo el opositor se merece sinceridad.

4. Las crisis. Los "bajones" y los suspensos en la oposición

En este sentido, es importante la reacción ante el suspenso en alguno de los exámenes. Salvo error del Tribunal (que ocurre en contadísimas excepciones), habitualmente lo único que ha pasado es que simplemente los aprobados lo han hecho mejor que nosotros.

La asimilación y digestión de ese suspenso es fundamental, ya que debe servir de acicate y motivación para superarnos a nosotros mismos y a los demás, y afrontar el año siguiente con mejores posibilidades de éxito.

Hay que tener claro que, para la mayoría de los opositores, los suspensos parciales forman parte de la oposición y que cuanto antes lo asumamos, mejor nos irá en la oposición.

En mi primer suspenso en el primer examen oral de la oposición de inspección, mi preparador notó un cambio en mis cualidades cantoras. Desde mi perspectiva, no lo aprecié tanto, pero sí experimenté esa rabia que me impulsó a hacerlo mejor. Comprendí que tenía que mejorar para conseguirlo e intenté usar esa frustración por el suspenso como gasolina para rendir más.

CAPÍTULO 4.

El preparador.
La academia, por cuenta propia.
Los padres, los amigos, la novia, o pareja,
esposa, la familia.
El opositor con hijos

**ACADEMIA O PREPARADOR: VENTAJAS E INCONVENIEN-
TES.** El preparador online. El teletrabajo, ¿la teleoposición?

¿POR CUENTA PROPIA? ¿Hay alumnos que aprueban la oposición
solos, sin ayuda? El novio. La novia. El opositor célibe. El donjuán. Tin-
der bibliotecario. Un poco de crónica social de la AEAT

EL PREPARADOR

Si el opositor es el protagonista y el auténtico sujeto activo en la oposición, el siguiente en importancia en este proceso es el preparador. Quizás alguien puede pensar que es una exageración. ¿Hay personas que han
aprobado por sí mismas, sin preparador o academias? Me estoy refirien-
do a oposiciones de élite y, en particular, a las de Inspección y Técnico de
Hacienda. Puede ser, he escuchado a alguien al que le han dicho de otro
que conocía a otro, etc., pero directamente, no conozco a nadie.

Es posible que haya opositores veteranos que han recorrido un largo
camino y hayan estado muchos años para superarlo, algunos años con

academia, preparador y otros en que no. En todo caso, es una ayuda fundamental y le habría ahorrado frustraciones y sufrimiento.

Recuerdo que para argumentar la relevancia de aprobar la oposición lo antes posible se utilizaba la metáfora de la gripe. Y es válida en dos sentidos: en primer lugar, que cuanto antes se pase, mejor, y en segundo, que se puede superar con medicamentos o sin ellos, pero es más llevadera con el alivio de la medicina.

En relación con la preferencia entre preparador o academia, en caso de tener la posibilidad de esta elección, en mi opinión está clara. La cercanía que aporta un preparador no la puede proporcionar una academia. Hay alumnos que por vivir en una localidad alejada de la capital o por imposibilidad económica, no pueden acceder a dicha preparación, si bien el coste de un preparador es irrisorio comparado con el de cursar cualquier carrera, y no digamos máster, doctorado u otro tipo de posgrado.

Cada vez más, y exponencialmente desde la pandemia, se ha incrementado la preparación *online*. Dicho método, si bien es ideal para los casos de lejanía geográfica, ha sido utilizado por grandes centros para reducir la formación e incrementar sus ingresos, limitando las clases a vídeos enlatados, sin ningún contacto con el profesor. Incluso hay algún centro de oposiciones que tiene cierto éxito, pese a que ni siquiera aparece el profesor en ningún momento, ni en vídeo, limitándose a la remisión de correos electrónicos con el material correspondiente.

2. El teletrabajo y la teleoposición. Ventajas e inconvenientes

La cercanía humana sigue siendo esencial y, si bien es cierto que las clases *online,* cada vez con más calidad, son muy prácticas para aquellos casos de opositores que vivan en un lugar geográfico retirado o que, puntualmente, por enfermedad o alguna cuestión familiar urgente, no puedan asistir presencialmente, la cercanía de un preparador es muy importante para afrontar mejor el proceso y puede ser la clave entre aprobar y suspender.

En realidad, hay que distinguir según el tipo de oposición. En Inspección, para preparar los orales, obviamente se necesita un preparador.

Las personas que han intentado "cantar" sin la ayuda de un preparador, o bien han avanzado poco, o directamente no han avanzado. El preparador es el que te marca el camino, te dice si llevas suficientes temas a la semana, o por el contrario hay alumnos a los que hay que frenar, hacerles volver atrás y reconducirlos para que lleven menos temas, pero mejor.

Con relación a la preparación *online,* hay que señalar que, si bien se pierde algo en el caso de las clases numerosas, en los orales puede ser un sistema muy útil, evitando costosos desplazamientos tanto en dinero como en tiempo, valioso para todos, pero aún más para el opositor. Aun así, recomiendo a mis alumnos que, en la medida de lo posible, intenten acudir al menos una vez al mes de forma presencial.

Cuando yo preparaba la oposición de Inspección, tomé varias veces el barco que comunica Ceuta con Algeciras únicamente para cantar un tema. En aquellos tiempos pagaba unos 40 euros semanales por el trayecto, pero el sacrificio merecía la pena.

Actualmente tengo alumnos que recorren 200 kilómetros para asistir a mis clases, desde Almería, Granada, Córdoba e incluso como anécdota alguno utiliza el helicóptero para viajar desde Ceuta. También intento aprovechar alguno de mis viajes a Madrid para visitar a mis alumnos residentes en la capital.

Por otra parte, salvo alumnos que nacen con ese don, la mayoría necesita un periodo de adaptación para aprender a "cantar". Se debe pulir el estilo, disimular muletillas, incrementar o disminuir la velocidad de exposición, resaltar los contenidos principales, etc.

En la preparación del Cuerpo Técnico es más habitual acudir a las academias, sobre todo para preparar la Contabilidad. De hecho, suele ocurrir que tienen cierto éxito, y lo que funcionaba bien para un grupo pequeño de ocho o diez alumnos, no funciona tan bien para grupos de 25.

3. Cualidades del preparador. Cambio de preparador

Es una decisión que cuesta, pero es necesario. En ocasiones resulta muy traumático, no es dejar al novio, pero cuando se ha establecido una relación de confianza, al opositor le cuesta tomar la decisión. Aunque sea duro, si lo tenemos claro y nos está alejando de nuestro propósito de aprobar, debemos vencer la resistencia y hacer el cambio de rumbo.

4. La novia o esposa. Tinder opositor

No solamente es importante el apoyo de la pareja, el apoyo sincero, incondicional, sino, sobre todo, la estabilidad del opositor. Esto no es un libro sobre relaciones de pareja, ni yo soy el más indicado para dar lecciones sobre este tema. Hay quien incluso dirá que soy de los menos indicados.

No obstante, reconozco que, en distintas presentaciones de mi primer libro *Cómo me convertí en Inspector de Hacienda,* muy distinto de este, ya que es un relato autobiográfico, una sugerencia muy repetida de mis lectores era que completara la narración con la crónica rosa, por lo que introduzco algunas de mis experiencias en este campo.

En efecto, preparé la oposición de técnico muy joven, aprobé y me dejó la novia. Para ser honesto, creo que ambos lo teníamos claro antes de aprobar. Yo solo contaba 23 años y ella un par de años menos, por lo que no estábamos maduros para ese tipo de relación. En Inspección, ya con 34 años, estaba casado e igualmente me divorcié después de aprobar.

Para tranquilidad del lector, que quizás a estas alturas del libro ande preocupado por mi estabilidad sentimental, después del curso en Madrid en el Instituto de Estudios Fiscales, comencé en mi primer destino en Cádiz, desubicado y en un apartamento oscuro pese a la increíble luz de la tacita de plata, y conocí a Rocío, vivimos un noviazgo que devolvió la luz a mi casa y a mi vida. En poco tiempo nos trasladamos a Torremolinos y ahora estoy felizmente casado y disfruto las dos hijas más maravillosas del mundo.

Lo cierto es que mi caso no es único, de hecho es casi lo habitual. Aproximadamente la mitad de los que aprobamos Inspección y teníamos pareja, ya fuera matrimonial o estable, la abandonamos, o nos abandonó después de aprobar.

Se suele decir que novia/o de opositor a Inspector o Notarías, etc., no suele ser la mujer/marido de Inspector, notario, etc.

Como decía, lo importante ni siquiera es que nuestra pareja respete, o esté entusiasmada con nuestra decisión de opositar. Lo que debe aportarnos es estabilidad, ya que la oposición somete a nuestro cuerpo y mente a un esfuerzo intenso que requiere ahorrar desgaste en peleas, discusiones, decepciones, reconciliaciones, etc.

Recuerdo un opositor que, en vísperas del último examen de Inspección, recibió la notificación del abogado solicitando la vista para el divorcio (sí, todavía hay casos en los que el marido es el último en enterarse).

Obviamente, no cabe esperar que nuestra pareja tenga un entusiasmo por nuestra decisión de encerrarnos en casa diez horas diarias y renunciar a las vacaciones, fiestas, etc. Haya o no oposición en nuestra vida, la comunicación es fundamental y si ambos miembros de la pareja participan en un proyecto común, superarán las dificultades.

5. ¿Novio/a durante la oposición?

La vida es lo que pasa mientras uno tiene otros planes. Esa frase, o alguna similar, se les atribuye a varios personajes famosos, uno de ellos creo que era John Lennon. No pienso que sea una decisión automática como comprar un coche. Si, durante tu periodo opositor, tienes la suerte de encontrar una persona maravillosa, y el amor llama a tu puerta, que la encuentre siempre abierta, como diría Julio Iglesias.

Debemos agradecer el apoyo y, por último, también hay personas que entienden que es imposible una relación así y es mejor estar soltero o con relaciones esporádicas mientras uno intenta aprobar.

Incluso habrá quien prefiera tener amante, o amantes. Si logra encontrar la estabilidad sentimental suficiente para estudiar, me parece perfecto.

6. Los amigos. ¿Opoamigos? ¿Opoenemigos?

Al igual que sucede con la novia, pareja, etc., es un tema muy personal. Normalmente, cuando uno oposita muy joven, necesita mucho a los amigos, las salidas, las fiestas, etc. Cuando uno es treintañero, suele valorar más la compañía de la familia, y no echa tanto de menos los *pubs,* discotecas, etc.

Tuve la oportunidad de opositar con veintitantos y posteriormente, a Inspección, con treinta y tantos, y pude comprobar esa diferencia por mí mismo. Normalmente, cuando uno se dedica en serio a la oposición, dispone de menos tiempo para los amigos. Los de verdad lo entenderán.

En lo que respecta a los compañeros de oposición, de academia, son de gran ayuda para acompañarnos en el proceso. Como en todas las facetas de la vida, hay todo tipo de personas, por lo que debemos acercarnos a las que nos aportan y evitar las relaciones tóxicas. Ahora que lo puedo comprobar desde la otra perspectiva, es gratificante para un preparador ver aprobar a sus alumnos, pero también comprobar la especial amistad que surge entre algunos de ellos.

7. Los padres. La familia. El opositor xcon hijos

El apoyo de la familia es fundamental. El concepto de familia ha ido variando en las últimas décadas. En ocasiones, ampliándolo a abuelos, tíos, etc., y en sentido contrario, con el individualismo que se ha instalado en la sociedad. Par un opositor es fundamental el apoyo, si bien hay casos de opositores que han logrado superar la oposición precisamente para huir de un entorno hostil e independizarse.

Por otra parte, antes un opositor de treinta años era algo absolutamente excepcional. Hoy en día, hay opositores de treinta y tantos, cuarenta y tantos y cincuenta y tantos. Ello hace que alguno sea padre o madre de familia.

He tenido la posibilidad de preparar alumnos de distintas edades y, conociendo la dificultad, solo puedo contar que es muy sacrificado, pero también posible, superar el proceso selectivo con esos condicionantes. De hecho, una de mis mejores alumnas era una compañera, mayor que yo, que aprobó la promoción interna al Cuerpo Técnico de Hacienda y que desveló que una de sus motivaciones era servir de ejemplo a sus hijos.

CAPÍTULO 5.

El tiempo.
El temario. Ejemplo de tema.
Tema 25 iva

EL TIEMPO. EL DÍA A DÍA: ¿CUÁNTAS HORAS DEBO DEDI-CAR? ¿El opositor tiene derecho a vacaciones? La rutina. La importancia de la rutina. **El tiempo es oro.**

EJEMPLO DE TEMA. TEMA 25 IVA. Diferencias con el temario de las academias. Saber redactar

Como he señalado al principio del texto, la preparación de una oposición ha de plantearse como un trabajo un poco especial, debes trabajar unas ocho o nueve horas diarias, pero con la posibilidad de flexibilidad geográfica (y más hoy en día, con las facilidades tecnológicas) y horaria (aunque recomiendo un horario normal, si es posible). De lunes a sábado (un día de descanso a la semana), y con 15 días de descanso en verano y una semana en Navidad.

Antes de que la pandemia pusiera de moda el teletrabajo, ya existían personas que disponían prácticamente de la posibilidad de un auténtico teletrabajo al 100%, los opositores. Eso sí, con el concepto "peculiar" de trabajo aplicable al opositor, ese pequeño inconveniente de que no percibe retribución alguna, en este caso sí que se trata de un "salario diferido".

Hay que tener en cuenta que nuestro trabajo durante el periodo de preparación es estudiar, algo que, aunque para algunos nos resulta atractivo, para otros puede ser un martirio. Si eres de esas personas nerviosas, agitadas, que no son capaces de estar diez minutos sentados concentrados, lo tienes bastante difícil y quizás deberías plantearte otra cosa.

Tampoco se trata de que diez horas sentado equivalgan al aprobado. Ese es el mito, desde la época de Juan Echanove y "el Chepa" el inolvidable Juan Luis Galiardo, en la memorable serie *Turno de oficio,* emitida en Televisión Española en los años 80.

En el primer capítulo el opositor a Notarías orondo, con el culo "gordo" de estudiar muchas horas era abandonado por su novia (Adriana Ozores), harta de esperar el aprobado en la oposición. Alterado por el disgusto, se daba a la bebida, acabando en altercado en un tugurio. Le asistía el abogado del turno de oficio, encarnado por un genial Juan Luis Galiardo.

Mientras aguardaba sentado en la sala de espera del abogado, "que estaba muy ocupado", según le comunicó la secretaria del bufete, escuchaba el *full,* el póker y los faroles. Aquella partida de cartas en el despacho de abogados le pareció un descubrimiento mágico al opositor que, para sorpresa y disgusto de su madre, viuda también de notario, decide abandonar el estudio y dedicarse al turno de oficio.

El proceso pone a prueba tu seguridad y conocimiento de ti mismo. Los miedos, incertidumbres, forman parte de tu día a día.

En relación con las horas, al igual que se suele decir que el opositor "se quita años", suele "contar más horas" de las que verdaderamente aprovecha. Volviendo a mi academia de los noventa, don Enrique repetía el mantra de las "catorce horas diarias".

Es un tema personal. Yo, desde luego, ni siquiera para preparar Inspección, ni en el quinto examen, he sido capaz de estudiar catorce horas diarias. Gracias a Dios, en los noventa no usaba móvil. El primer Nokia mastodóntico lo compré en el 97, cuando me desplacé a Madrid al curso y no disponía de WhatsApp ni Internet. Extrañamente, para las costumbres actuales, solo se utilizaba para llamar por teléfono.

Cuando preparé la oposición de Inspección sí era más común el móvil, pero no existía la dependencia adictiva de nuestros días. Lo recuerdo porque no usaba el "método Pomodoro", ni similar, para controlar el tiempo de estudio. Únicamente apuntaba en una libreta la hora a la que empezaba y los descansos. En minutos "netos" siete horas (420 minutos, incluso a partir de 400) era la frontera que determinaba la diferencia entre un día bueno y malo.

Siempre he priorizado la concentración sobre "las horas en la silla". Se trata de avanzar en temas de calidad, no únicamente en horas. Si no fuera así, los opositores no tendrían nada que hacer en la competencia con los especialistas en "sillón *ball*", capaces de aguantar más de diez horas sentados o recostados frente a una televisión o, en la versión moderna, a un videojuego.

Insisto una vez más en la importancia de la concentración, algo tan difícil como la capacidad de fijar la atención en una sola cosa.

1. El temario. Temario propio. ¿En ordenador? ¿En papel?

Otra de las preguntas que suelen hacerme con más frecuencia es la relativa al temario idóneo para la oposición. He incluido esta cuestión en el capítulo dedicado a la importancia del tiempo y voy a intentar explicar por qué.

En la universidad todos conocemos a estudiantes que dedican la tarde, la mañana, la noche, o una buena parte de sus "horas de estudio" a **"preparar los apuntes"**.

Recuerdo una anécdota que tuvo lugar en las bibliotecas de la Universidad de Granada con un compañero y amigo, también procedente del Colegio de los Hermanos Maristas, que estudió muchos años la carrera de Ingeniería de Caminos. En cuanto terminábamos los exámenes, era de los primeros en retornar al "estudio". Entonces le preguntábamos:

—Jaime, ¿qué tal, ya estás otra vez en la biblioteca, no vienes con nosotros a tomar café?

—Gracias, no puedo.

—Pero si te examinaste ayer, tómate un respiro, ¿qué vas a hacer hoy?

—Preparar el *planning,* ya sabéis que soy muy lento.

Dedicaba semanas y semanas a plasmar por escrito un número de temas. A la semana siguiente, y al comprobar que no había cumplido sus propósitos, dedicaba más tiempo a rehacer sus planes y así *ad infinitum.*

El equivalente en la oposición es el consabido: "Esta tarde la voy a dedicar a actualizar los temas. Claro, si yo tuviera los temas actualizados, es que la editorial ha tardado en mandar las actualizaciones, el tema de preparador, etc.".

Hoy en día tenemos acceso inmediato y gratuito en Internet al *BOE,* por lo que contamos con la posibilidad de actualizar nuestros temas. Una vez más, vuelvo a recordar que para eso está el preparador, para ahorraros tiempo y distinguir lo que requiere de una atención plena de los pequeños detalles que sirven para completar el temario principal.

Sirva lo dicho en la introducción en este capítulo para expresar mi opinión sobre la necesidad de elaborar un temario propio.

Como suele pasar en muchos aspectos de la vida, en el equilibrio está la virtud. Hay preparadores y opositores que piensan que actualmente hacerse los temas es una absoluta pérdida de tiempo ("Justito el notario", Miguel Prieto) y quien afirma que es incapaz de estudiar si no lo hace con sus propios temas escritos de su puño y letra, cual riguroso testamento ológrafo.

A mí también me parece una exageración dedicar un infinito número de horas para escribir tus temas, pero creo que no solo hay que gastar todo lo posible y lo imposible en los mejores temas, sino que deben ser tus temas, trufados con las mejoras y con las actualizaciones legislativas imprescindibles.

2. ¿En ordenador o en papel?

Como decía, hay quien afirma que no es capaz de estudiar "sin sus propios temas". A su vez, dentro de estos opositores, algunos necesitan la autografía para fijar los conceptos, mientras que otros necesitan la prótesis del portátil, o la tableta, o incluso el teléfono inteligente, sin el cual les resultaría imposible estudiar.

Los opositores somos muy maniáticos. Hoy en día facilita mucho el trabajo tener reunidos, aunque sea para un momento de duda previo al examen, esos 100 temas que sería casi imposible llevar en papel. Recuerdo algunos opositores que acudían a los exámenes orales haciendo cargar a sus padres, novios, hermanos, como escuderos, cual Sancho Panza auxiliaba a don Quijote, con los miles y miles de folios, por si les asaltaba una inoportuna duda sobre algún artículo en los minutos previos a la entrada al Tribunal.

Como pretendo que este sea un manual eminentemente práctico, adjunto un tema elaborado que sirva de ejemplo. Es fundamental adaptarlo al tiempo de exposición. Este tema corresponde al tercer ejercicio de la oposición de acceso al Cuerpo Técnico de Hacienda. Además, tiene la peculiaridad de que se trata del IVA, quizás mi impuesto preferido y que fue el elegido en la oposición de acceso del año de la COVID.

El tema debe redactarse en hora y media, por lo que es fundamental saberse muy bien los temas, pero también practicar la escritura, y en las condiciones más similares al examen. Siempre será diferente la ansiedad experimentada a la hora de la verdad, pero se debe acudir con el mayor número de temas escritos, si es posible todos y conocer la capacidad de cada uno para escribir. Para escribir rápido y bien, y ¡por favor!, sin faltas de ortografía y con la mejor redacción posible.

Como distinguía el genial Francisco Umbral, para aprobar la oposición no es necesario tener dotes para la lírica, no hay que saber "escribir", pero sí hay que saber "redactar". En especial, en las carreras de "Ciencias" se acostumbra a exponer las ideas mediante guiones, que puede ser didáctico, pero en un examen de la oposición hay que redactar un tema completo, no expresarse "como un indio".

3. TEMA 25. El impuesto sobre el valor añadido (2): devengo. Base imponible. Tipos de gravamen. Deuda tributaria. Liquidación. deducciones: requisitos. Régimen de deducciones en sectores diferenciados. Regla de prorrata. Deducciones anteriores al comienzo de la actividad. Devoluciones.

1. El impuesto sobre el valor añadido

El Impuesto sobre el Valor Añadido (IVA) está regulado por la **Ley 37/1992**, de 28 de diciembre, del IVA (LIVA, que ha sido recientemente modificada por la Ley 28/2014, de 27 de noviembre, y por la Ley 6/2018, de Presupuestos Generales del Estado de 2018, siendo desarrollada por el **Reglamento** aprobado por Real Decreto **1624/1992,** de 29 de diciembre (RIVA). Se trata de un impuesto cuya normativa está armonizada a nivel comunitario, basado en la Directiva 2006/112.

1. DEVENGO

Se regula en los artículos **75 a 77** de la Ley.

1.1. Entregas de bienes y prestaciones de servicios

El artículo **75** de la Ley establece que el devengo tendrá lugar en las entregas de bienes como regla general en el momento de la puesta a disposición del adquirente o en su caso cuando se efectúen. En las prestaciones de servicios, cuando se presten, ejecuten o efectúen las operaciones gravadas.

Como reglas especiales tenemos:

1. En las ejecuciones de obra con aportación de materiales, cuando los bienes se pongan a disposición del dueño de la obra.

2. En las ejecuciones de obra con o sin aportación de materiales, si los destinatarios son las Administraciones Públicas, en el momento de su recepción.

3. En las transmisiones entre comitente y comisionista en el momento en el que el comisionista efectúe la entrega de los bienes respectivos al tercero adquirente.

4. En las transmisiones entre comisionista y comitente, en el momento en que le sean entregados al comisionista los bienes por el tercer transmitente.

5. En los supuestos de autoconsumo, cuando se efectúen las operaciones gravadas.

6. En arrendamientos, en los suministros y operaciones de tracto sucesivo, en el momento en que resulte exigible el pago por parte del acreedor. El devengo se producirá el 31 de diciembre de cada año, si la periodicidad es superior a un año natural o no se haya pactado precio, ni momento de su exigibilidad.

7. En operaciones con pagos anticipados, anteriores a la entrega, el momento del cobro por el importe total, o por la parte del mismo que corresponda.

1.2. Adquisiciones intracomunitarias de bienes

El artículo **76** de la Ley establece que el devengo en estas operaciones se produce en el momento del devengo de las entregas de bienes en operaciones interiores, con la única **excepción** de los pagos anticipados que no generan el devengo.

1.3. Importaciones

El artículo 77 Uno de la Ley establece el momento de devengo del IVA por remisión al criterio de devengo en la legislación aduanera.

2. BASE IMPONIBLE

Se regula en los artículos **78 a 83** de la Ley.

2.1. Entregas de bienes y prestaciones de servicios

2.1.1. Regla general

El artículo 78 de la Ley establece que la base imponible está compuesta por el importe total de la **contraprestación** de las operaciones sujetas al impuesto.

Se **incluyen** en la contraprestación, entre otros:

1. Los gastos de comisiones, transportes, seguros, primas por prestaciones anticipadas y los créditos.

2. Las subvenciones vinculadas directamente al precio.

3. También estarán incluidos los tributos o gravámenes de cualquier clase asociados a la operación, excepto el propio IVA, y el Impuesto Especial sobre Determinados Medios de Transporte.

4. Envases y embalajes cargados por el destinatario.

No formarán parte de la base imponible entre otras:

1. Las indemnizaciones que no constituyan contraprestación.

2. Los descuentos y bonificaciones que figuren separadamente en factura y se concedan previa o simultáneamente al momento en

que se realice la operación y en función de ella.

2.1.2. Reglas especiales

Aparecen recogidas en el artículo **79** de la Ley, y son, entre otras:

1. En los supuestos de autoconsumo de bienes o servicios, la base imponible será el precio de adquisición o coste de producción o prestación.

2. En operaciones entre partes vinculadas, la base imponible será el valor de mercado.

3. En las transmisiones entre comitente y comisionista en comisión de venta con actuación del comisionista en nombre propio, la base imponible será la contraprestación convenida menos el importe de la comisión.

4. En las operaciones realizadas en moneda extranjera, el valor de la contraprestación en euros se fijará aplicando el tipo de cambio vendedor fijado por el Banco de España correspondiente al día del devengo.

2.1.3. Modificación de la base imponible

El artículo **80** de la Ley establece que la base imponible se reducirá en los siguientes casos y cuantías:

1. El importe de los envases y embalajes que hayan sido devueltos.

2. Por los descuentos y bonificaciones otorgados con posterioridad al momento de realización de la operación.

3. Cuando queden sin efecto total o parcial las operaciones gravadas o se altere su precio después de realizarse la operación.

4. Cuando el destinatario de las operaciones sujetas no haya hecho efectivo el pago de las cuotas repercutidas y siempre que, tras el devengo de la operación, si dicte auto de declaración de concurso.

5. Cuando los créditos de las operaciones gravadas sean total o parcialmente incobrables, requiriendo una mora de un año desde la fecha del devengo, que las operaciones se encuentren contabilizadas y se han reclamado judicialmente. Si el destinatario no es empresario o profesional, el importe de la base imponible debe

exceder los 300 €.

No procede modificación en:

1. Créditos con garantía real.

2. Créditos afianzados por entidades de crédito, sociedades de garantía recíproca o seguros de crédito o caución.

3. Créditos con partes vinculadas.

4. Créditos adeudados o afianzados por entes públicos.

2.2. Adquisiciones intracomunitarias de bienes

El artículo 82 Uno de la Ley establece que se aplicarán las mismas reglas que en las entregas de bienes de igual naturaleza.

2.3. Importaciones

Conforme al artículo 83 Uno de la Ley, la base imponible resultará de adicionar al valor en aduana:

Los gravámenes devengados fuera del territorio de aplicación del impuesto, así como los que se devenguen con motivo de la importación con excepción del propio IVA.

Los gastos accesorios, como comisiones, gastos de embalaje, transporte y seguros, hasta el primer lugar de destino en el interior de la UE.

2.4. Determinación de la base imponible

El artículo 81 Uno de la Ley establece que la base imponible se determinará por el régimen de estimación directa, salvo las excepciones a la estimación indirecta.

3. TIPOS DE GRAVAMEN

Se regulan en los artículos 90 y 91 de la Ley. El tipo de gravamen será el vigente en el momento del devengo del impuesto. Será del 21%, salvo que sea aplicable uno de los dos tipos reducidos del 10% o 4%.

Conforme al artículo 91 Uno, se aplica el tipo reducido del 10% entre otras a las siguientes operaciones:

1.º En entregas, adquisiciones intracomunitarias o importaciones de:

• Los productos o sustancias y las aguas, salvo bebidas alcohólicas.

- Los animales, vegetales y demás productos utilizados para obtener productos alimenticios.
- Semillas, fertilizantes y medicamentos para animales.
- Las viviendas.
- Las flores y plantas vivas de carácter ornamental.

2.º En la prestación de los siguientes servicios:
- Transportes de viajeros y sus equipajes.
- Hostelería y acampamento.
- Limpieza y recogida de basuras de vías públicas.
- Exposiciones y ferias comerciales.

3.º En las ejecuciones de obra, con contratos directos entre promotor y contratista, para construcción o rehabilitación de edificios destinados en más del 50% a viviendas.

4.º Importaciones de objetos de arte y antigüedades.

Entre otras, se aplica el tipo reducido del 4% a las siguientes operaciones:

1.º En entregas, adquisiciones intracomunitarias o importaciones de:

a) Productos alimenticios de primera necesidad.

b) Libros, periódicos y revistas.

c) Medicamentos para uso humano.

d) Viviendas de protección oficial.

2.º Los servicios de reparación de vehículos especiales para minusválidos y servicios de dependencia con plazas concertadas.

4. DEUDA TRIBUTARIA

La deuda tributaria está constituida por la cuota a ingresar y, en su caso, los recargos legales, recargos por declaración extemporánea, el interés de demora y los recargos del periodo ejecutivo (artículo 58 de la LGT).

Los sujetos pasivos deben por sí mismos realizar obligatoriamente las autoliquidaciones, salvo en las importaciones, que se ajustarán a la legislación aduanera para los derechos arancelarios.

La deuda tributaria se determinará periódicamente (mensual, trimestralmente) por la diferencia entre IVA devengado e IVA soportado en dicho espacio de tiempo.

Conforme al artículo 99 de la Ley, los sujetos pasivos podrán deducir globalmente las cuotas deducibles soportadas en dicho periodo, que por regla general se entenderán soportadas en el momento en que se reciba la factura. No obstante, si el devengo fuera posterior al de la recepción de la factura, cuando se devenguen las cuotas.

Si la cuantía de las deducciones supera el IVA devengado en ese periodo, el exceso podrá ser compensado en las declaraciones-liquidaciones posteriores, dentro del plazo de los cuatro años siguientes.

5. LIQUIDACIÓN

1) La liquidación consiste en deducir de las cuotas devengadas el IVA soportado en operaciones interiores, así como el satisfecho en las importaciones o adquisiciones intracomunitarias. La diferencia positiva se ingresará en el Tesoro Público o se generará el derecho a devolución en caso de ser negativa.

Con carácter general, el periodo de liquidación ha de coincidir con el trimestre natural. Sin embargo, el periodo de liquidación coincidirá con el mes natural:

a) Cuando el volumen de operaciones exceda los 6.010.121,04 €.

b) El sujeto pasivo esté acogido al sistema de devolución mensual.

La declaración se presentará durante los 20 días siguientes al mes siguiente del periodo de liquidación, sin embargo la del último periodo del año podrá presentarse durante los primeros 30 días del mes de enero.

Además, los sujetos pasivos deberán presentar la declaración-resumen anual de acuerdo con las especificaciones del Ministro de Economía y Hacienda.

2) Los órganos de gestión tributaria podrán, de oficio, realizar liquidaciones provisionales de acuerdo con lo establecido en la LGT. Además, la Administración Tributaria podrá practicar la liquidación provisional

de oficio en caso de incumplimiento de liquidar el impuesto y no atención de requerimientos.

6. DEDUCCIONES: REQUISITOS

Se regulan en los artículos 92 a 100 de la Ley.

Para que las cuotas soportadas sean deducibles deberán cumplir los siguientes requisitos:

6.1. Subjetivos (artículo 93 ley)

Solo podrán deducir los sujetos pasivos empresarios o profesionales que hayan iniciado la realización habitual de sus actividades.

6.2. Funcionales

Según los artículos 94 y 95, solo serán deducibles las cuotas soportadas correspondientes a bienes y servicios adquiridos o importados que se destinen a operaciones que originan el derecho a deducir, así como a la afectación directa y exclusiva de los bienes o servicios a la actividad empresarial o profesional del sujeto pasivo.

No obstante, las cuotas soportadas en la adquisición de bienes de inversión que se empleen parcialmente en el desarrollo de la actividad empresarial se deducirán en la proporción en que se vayan a utilizar. Tratándose de vehículos automóviles, se presumirán afectos al desarrollo de la actividad empresarial al 50%, salvo los que, por su destino como taxis, autoescuela, vigilancia, den lugar a la deducción del 100%.

6.3. Objetivos (artículo 96 LIVA)

No podrán ser deducibles en ninguna proporción las cuotas soportadas en la adquisición, autoconsumo, importación, arrendamiento o utilización de los siguientes bienes y servicios:

- Joyas, piedras preciosas, perlas y objetos elaborados con oro y platino.
- Alimentos, bebidas y tabaco.
- Espectáculos y servicios de carácter lúdico.
- Bienes y servicios destinados a atenciones a clientes, asalariados o terceras personas.

- Servicios de desplazamiento o viajes, hostelería y restauración, salvo que los gastos sean deducibles en el IRPF o IS.

6.4. Formales (artículo 97 LIVA)

Para ejercitar el derecho a la deducción, los sujetos pasivos han de estar en posesión del documento justificativo de su derecho, la factura original, liquidación practicada en caso de importación y la factura expedida en caso de adquisición intracomunitaria.

6.5. Temporales (artículo 98 LIVA)

El derecho a la deducción nace en el momento en que se devengan las cuotas deducibles y el ejercicio del derecho tiene un plazo de caducidad de cuatro años.

6.6. REctificación de las deduciones (artículo 114 LIVA)

Se podrán rectificar las deducciones, cuando no haya mediado requerimiento previo:

1. Cuando su importe se haya determinado incorrectamente.
2. El importe de las cuotas soportadas haya sido rectificado de acuerdo con el artículo 89.

La rectificación será obligatoria cuando implique una minoración del importe inicialmente deducido.

7. RÉGIMEN DE DEDUCCIONES EN SECTORES DIFERENCIADOS

Conforme al artículo 101 de la Ley, los sujetos pasivos que realicen actividades en sectores diferenciados de la actividad empresarial o profesional deberán aplicar con independencia el régimen de deducciones respecto de cada uno de ellos.

Según el artículo 9 de la Ley, se considerarán sectores diferenciados de la actividad empresarial o profesional los siguientes:

a) Aquellos en los que las actividades económicas realizadas y los regímenes de deducción aplicables sean distintos.

   Son distintas las actividades económicas que tengan grupos distintos en la Clasificación Nacional de Actividades Económicas.

Los regímenes de deducción se considerarán distintos si los porcentajes de deducción del IVA soportado difieren entre sí en más de 50 puntos porcentuales.

b) Las operaciones de arrendamiento financiero.

c) Las actividades acogidas a los regímenes especiales simplificado, de la agricultura, ganadería y pesca o del recargo de equivalencia, si el sujeto pasivo realiza, además, otras actividades sujetas al IVA.

d) Las operaciones de cesión de créditos o préstamos.

Si se efectúan adquisiciones o importaciones de bienes o servicios para su utilización en común de varios sectores diferenciados de la actividad, el porcentaje de deducción aplicable respecto de las cuotas soportadas en dichas adquisiciones o importaciones se determinará en función de las normas de prorrata general.

8. REGLA DE PRORRATA (ARTÍCULOS 102 A 110 LIVA)

Conforme al artículo 102 de la Ley, se aplica cuando el sujeto pasivo efectúe conjuntamente entregas de bienes y prestaciones de servicios que originan el derecho a deducción y otras que no originen tal derecho.

Según el artículo 103, existen dos clases de prorrata: general y especial.

8.1. Prorrata especial (artículo 106 de la ley)

Se basa en la utilización real de los bienes y servicios adquiridos, de forma que si se utilizan en operaciones que dan derecho a la deducción, se deducirán íntegramente, en caso contrario no se deducirán en absoluto y si se utilizan en unas y otras, se aplica la regla de prorrata general.

Es de obligada aplicación cuando el importe a deducir según la prorrata general exceda del 10% del que correspondería por la aplicación de la especial, en los demás casos es opcional.

8.2. Prorrata general (artículo 104 de la ley)

Solo será deducible el impuesto soportado en cada período de liquidación en el porcentaje resultante de multiplicar por 100 el resultado de una fracción en la que figuren las operaciones con derecho a deducción realizadas durante el año sobre el volumen total de operaciones del mismo año.

Si el cociente resultante arrojase decimales, deberá redondearse en la unidad superior. Para la determinación del porcentaje de deducción, no se computarán:

1. Las operaciones y sus respectivas cuotas de IVA, realizadas desde establecimientos permanentes situados fuera del territorio de aplicación del impuesto.

2. El importe de las operaciones inmobiliarias o financieras que no constituyan actividad empresarial o profesional habitual del sujeto pasivo.

3. Las operaciones no sujetas al impuesto.

4. Los autoconsumos por cambio de existencias a bienes de inversión.

8.3. Procedimiento para la aplicación de la regla de prorrata

Conforme al artículo 105 Cuatro, el sujeto pasivo aplicará con carácter provisional la prorrata definitiva del año anterior. En la última declaración-liquidación correspondiente a cada año natural calculará la prorrata de deducción definitiva en función de las operaciones realizadas durante el año y practicará la consiguiente regularización de las deducciones provisionales.

8.4. Regularización de deducciones de bienes de inversión

Las cuotas deducibles por la adquisición o importación de bienes de inversión deberán regularizarse durante los cuatro años naturales siguientes al que se produzca su entrada en funcionamiento, o en el plazo de 9 años para terrenos o edificaciones (artículo 107 Ley).

Dicha regularización se practicará cuando entre el porcentaje de deducción correspondiente a cada uno de dichos años y el que prevaleció en el año en que se soportó la repercusión exista una diferencia superior a 10 puntos porcentuales.

El procedimiento para la regularización es el siguiente, según el artículo 109 de la Ley:

1. Conocido el porcentaje definitivo del año de regularización, se determina el importe de la deducción que procedería si la repercusión se hubiese soportado en ese año.

2. Dicho importe se restará del de la deducción efectuada el año de adquisición.

3. La diferencia positiva o negativa se divide por 5 o por 10 si son terrenos y edificaciones y el cociente resultante será la cuantía del ingreso o de la deducción complementaria.

9. DEDUCCIONES ANTERIORES AL COMIENZO DE LA ACTIVIDAD

Se regulan en los artículos 111 a 113 de la Ley.

Quienes adquieran la condición de empresario o profesional por efectuar adquisiciones o importaciones de bienes y servicios con la intención confirmada objetivamente de destinarlos al desarrollo de actividades empresariales o profesionales, podrán deducir las cuotas soportadas en dichas operaciones aplicando el porcentaje que proponga el empresario o profesional a la Administración.

Tales deducciones serán provisionales y estarán sometidas a regularización aplicando el porcentaje definitivo que globalmente corresponda al periodo de los cuatro primeros años naturales de realización de la actividad. El porcentaje se determinará según las normas de la prorrata general.

10. DEVOLUCIONES

Se regulan en los artículos 115 a 119 bis de la Ley.

10.1. Supuestos generales de devolución

Cuando el sujeto pasivo no haya podido efectuar las deducciones correspondientes a un periodo de liquidación por exceder las cuotas soportadas del montante de cuotas devengadas, podrán solicitar la devolución del saldo existente a su favor a 31 de diciembre de cada año en la declaración-liquidación correspondiente al último periodo de liquidación de dicho año. La devolución deberá efectuarse en el plazo de 6 meses.

10.2. Solicitud de devoluciones al fin de cada mes natural

Se encuentra regulado en el **artículo 116** de la Ley.

Los sujetos pasivos que opten por este procedimiento de devolución deberán estar inscritos en el Registro de devolución mensual.

Deberán presentar sus declaraciones-liquidaciones por vía telemática y periodicidad mensual, así como los libros registro del impuesto.

10.3. Devoluciones a exportadores en régimen de viajeros (artículo 117 ley)

Los viajeros que tengan su residencia habitual fuera de la UE podrán obtener la devolución de las cuotas soportadas cuando:

- El valor de los bienes impuestos incluidos supere 90,15 €.
- Los bienes salgan del territorio de la comunidad y no constituyan una expedición comercial.

10.4. Solicitud de devolución de cuotas soportadas por operaciones efectuadas en la comunidad

Los empresarios o profesionales establecidos en el territorio de aplicación del Impuesto, Islas Canarias, Ceuta y Melilla solicitarán la devolución de las cuotas soportadas por adquisiciones o importaciones de bienes o servicios efectuadas en la Comunidad, con excepción de las realizadas en dicho territorio, mediante la presentación por vía electrónica de una solicitud a través de los formularios dispuestos al efecto en la web de la AEAT.

10.5. Devoluciones a empresarios o profesionales no establecidos en el territorio de aplicación del impuesto por cuotas soportadas en dicho territorio (artículos 119 y 119 bis)

Los empresarios o profesionales no establecidos en el territorio peninsular español o Islas Baleares podrán solicitar la devolución del impuesto soportado en estos territorios.

Son requisitos para la devolución, entre otros:

1. Durante el período a que se refiere la solicitud, no hayan realizado en territorio de aplicación del IVA entregas de bienes o prestaciones de servicios sujetas al IVA distintas de las que se produce

la inversión del sujeto pasivo o servicios de transporte exentos del impuesto.

2. Destinar los bienes y servicios adquiridos a operaciones que originen el derecho a deducir.

3. Presentar la solicitud por vía electrónica a través del portal del estado en que estén establecidos.

4. Cuando no residan en la Comunidad, Canarias, Ceuta o Melilla deberán estar establecidos en un estado en el que exista reciprocidad de trato hacia empresarios o profesionales establecidos en España.

CAPÍTULO 6.

El lugar de estudio.
Bibliotecas, incluso salas virtuales.
¿Opozulo?

Mi madre era Inspectora de educación, y aún conservo recuerdos de mi más tierna infancia, en la que la acompañé a reuniones con padres y maestros. En algunos de sus discursos intentaba explicar la necesidad de dotar a los niños de un entorno apto para estudiar. El ímpetu y entusiasmo con que desarrollaba sus anhelos pedagógicos era correspondido en Guadix (estaba destinada en esa zona educativa) y en otras ciudades con la absoluta indiferencia cuando no con la burla de algunos de los padres que conformaban el auditorio.

—Claro, no tengo yo otra cosa que hacer que dedicar una habitación para que estudien los niños. Solo bastaba…

Aunque hoy nos pueda parecer exagerado, el gran escritor y académico ubetense Antonio Muñoz Molina contaba que una de las claves de su capacidad de concentración para la lectura y escritura radicaba en que, debido a las gélidas temperaturas del invierno de la bella ciudad renacentista, el único lugar en el que se podía permanecer sin temor a la hipotermia era el sombrío y angosto salón, y más en concreto, sentado junto a la costumbrista "mesa camilla" con su inseparable brasero, que había de compartir con los cinco o seis miembros de la familia, mientras conversaban, o escuchaban la radio.

Hoy hemos desbarrado con un "volantazo" al extremo opuesto y existen auténticas cuentas de Instagram que basan su éxito, reflejado en decenas de miles de seguidores, en la exhibición de mobiliario y el despliegue de tabletas, archivadores, pósit y rotuladores coloridos cual unicornios de Disney.

Como muestra, sin ánimo de publicidad, recomiendo la visita de "opozulos" de "opoinfluencers" como "opozulo hacienda". Sin duda, un magnífico negocio (jamás me podré reponer del instante en que a la salida de Vialia Málaga encontré un local destinado exclusivamente a Mr. Wonderful).

En el extremo opuesto recuerdo la biografía del ilustre exjuez Baltasar Garzón en el que, bajo el pomposo título *El hombre que veía amanecer,* ya presumía de las dificultades que tuvo que superar, trabajando en una gasolinera para costearse la carrera y de las condiciones espartanas del humilde "sobrado" en el que se encerró cual Gandhi en jornadas de estudio de catorce horas diarias para superar la oposición a la carrera judicial y convertirse en el más afamado "juez estrella", antes de caer en oscuros asuntos que conllevaron su expulsión de la judicatura.

Me limitaré a exponer brevemente los consejos que daba mi madre en los años noventa. De esta forma, ya hablando un poco en serio, hay que reconocer la importancia del entorno, que incluye la necesidad de encontrar un lugar apto para el estudio. No se puede aceptar aquello de "cualquier sitio es bueno".

En aquellas jornadas se defendía la idoneidad de la habitación individual por tratarse de un lugar cómodo, fijo, personalizado y exclusivo. Tal afirmación implica que el opositor al sentarse en su puesto de trabajo asociará el trabajo intelectual con ese ambiente personal.

Por el contrario, en mi caso, dentro de mi propensión a la rebeldía y a los espacios abiertos, he estudiado la oposición en el autobús, en el metro e incluso en el barco en el que recorría semanalmente la travesía del Estrecho de Gibraltar, aunque no es lo más recomendable. La mayoría de las horas netas de estudio las consumí en las bibliotecas, de forma que en todos los lugares en que he residido, me he convertido en un usuario de la biblioteca tan habitual que el bibliotecario se adaptaba a mi presencia, hasta el punto de ofrecerme la llave para que me encargara de la apertura de esta.

Hoy en día existe la posibilidad de conectarse a salas de estudio virtuales, en las que "virtualmente" compartes tu sufrimiento con otros estudiantes en la red. Tengo otro concepto de "compartir estudio", pero, para el que le resulte útil, bienvenida sea la biblioteca virtual.

The sound of silence

Sí convengo en destacar la importancia del silencio. "El ruido tiene unos efectos siempre negativos, no ya para el propio aparato auditivo, sino para el equilibrio psico-físico de las personas y, por supuesto, para la adecuada concentración mental del estudiante."

1. LA ILUMINACIÓN

Por lo demás, recuerdo las recomendaciones generales sobre técnicas de estudio. Una de las cuestiones a las que no se le suele prestar mucha atención es a la relativa a la **iluminación.** Los manuales de estudio se suelen conformar con que sea suficiente y, en caso de que sea artificial, que esté bien distribuida, que el haz de luz entre por la izquierda para los diestros, e incluso antiguamente se recomendaba una bombilla azulada de 60 W para reducir la fatiga visual. Entiendo que se ha superado este último requisito en los tiempos del led y desconozco el equivalente a esos sesenta vatios, pero, sea cálida, neutra, blanca o amarilla, debe permitir una lectura cómoda.

En mi caso, necesito la luz natural. Recuerdo algún compañero andaluz que me aseguraba que, si viviera en algunas de esas ciudades del norte que cuentan con 300 días de lluvia al año, se moriría. Por supuesto que un opositor tendrá que estudiar muchas horas de tarde y de noche, pero creo que todo lo que se pueda aprovechar la luz natural será positivo tanto para el rendimiento como para la salud mental.

2. LA TEMPERATURA

Aunque el joven karateka Baltasar Garzón afirmaba que gracias al afamado estoicismo que le permitió lograr el cinturón negro era capaz de estudiar en el zulo alquilado por sus padres a 40 grados en el verano jienense con la única ayuda del jarreo del barreño de agua, no todos logramos tal concentración.

He soportado el verano granadino y las clases de la oposición a 40 grados a la sombra, pero, en esos meses estivales, envidiaba a los opositores burgaleses que no conocían esas temperaturas. La ortodoxia de los manuales de estudio se limita a referir los 20 grados como temperatura ideal, añadiendo que el frío produce inquietud y nerviosismo, negativos para la concentración mental, mientras que las altas temperaturas invitan a la inactividad, laxitud.

Lo cierto es que el profesor que escribía estos manuales no ha debido de sufrir los 40 grados del agosto granadino porque, al menos en mi experiencia, cuando salía de las clases de contabilidad de Crovetto, la bofetada de calor del asfalto me invitaba a algo más que inactividad o laxitud.

Por otra parte, tal y como nos ha enseñado la maldita pandemia, hay que destacar la importancia de la ventilación. Tampoco es necesario el desagradable frío polar al que se sometió a los escolares en la vuelta al cole con corrientes que obligaban a acudir con bufandas y mantas en las mañanas primaverales de la meseta, por poner un ejemplo. Pero sí es fundamental que corra el aire, el ambiente viciado atonta y fatiga la capacidad de entendimiento. Como en la vida, hay que huir de los ambientes enrarecidos.

3. MOBILIARIO

Coincido con la genérica recomendación de una mesa de estudio ordenada y una silla cómoda. Tu espalda, dorsales y cervicales, lo agradecerán. Baste decir que casi todos los que hemos aprobado oposiciones de larga duración, hemos pasado por diversas consultas de rehabilitación, para acabar finalmente en las manos de un fisioterapeuta de confianza.

En la primera consulta por el dolor dorsal y cervical ya hay que atender el consejo de utilizar sillas bajas y mesas altas. Los arquitectos son especialmente cuidadosos y, aunque no es imprescindible usar ese tipo de tableros, desde luego todos los opositores usamos atril. De hecho, los he tenido de madera, de "los chinos", de plástico, de forma que los apuntes se encuentren lo más cerca posible a la perpendicular de los ojos, permitiendo el máximo número de horas de lectura con el mínimo esfuerzo.

Con relación a la altura de la silla y la mesa, no puede ser la misma para los que medimos más de 1,80 y pesamos más de 90 kilos que para una niña de 1,50 y 40 kilos. De esta forma, la silla ha de tener una altura proporcional y un firme respaldo, aunque en este sentido también hay variedad en el gusto.

Aprovecho para intercalar una anécdota que me sucedió en los escasos meses en que trabajé en el control de mercancías de la Aduana de La Línea de la Concepción. Como tal aduana de mercancías, tiene un escasísimo movimiento, debiendo su utilidad a la frontera con Gibraltar, con todos los problemas políticos, económicos, de contrabando, etc. De ahí que se pueda hacer un control físico mucho más exhaustivo que en la vecina Algeciras. Por eso me sorprendió un detalle del contenido de un camión que transportaba sillas de oficina. En concreto, despertó mis sospechas el elevado importe, superior a los 2.000 euros por cada una de ellas. Hice el oportuno control y consulté la documentación y, en efecto, ese era el precio habitual, se trataba de un fabricante de lujo y todo estaba en orden. Con ello no quiero decir que haya que gastarse ese dineral en una silla, pero sí destacar su importancia.

El tablero debe disponer de una superficie mínima de un metro por sesenta centímetros. También aquí puedo contar mi experiencia como administrador y, por tanto, responsable de recursos humanos, y de intendencia, en concreto las quejas de algunos funcionarios porque las mesas de los "jefes" de nivel 26 deben medir 1,80 en lugar de 1,50 y contar con un ala adicional para colocar el ordenador. Me parece absurdo dedicar la vida a esas "luchas", pero, bueno, cada uno dedica las energías a lo que considera conveniente.

En mi época universitaria, los manuales de estudio se limitaban a recomendar que la casa dispusiera de una silla, una mesa de estudio, silencio, normas básicas de convivencia. Quizás sea así de simple, cultivar el desapego, la sencillez, con una estantería y un poco de orden debe ser suficiente. Tan importante resulta el orden del lugar de trabajo, como el equilibrio físico y psicológico.

CAPÍTULO 7.

La memoria.
Técnicas de estudio.
Esquemas. Ejemplo esquema tema 25.
Subrayado

La memoria. Funcionamiento de la memoria. El "cortijo de la memoria". Técnicas de estudio. El subrayado. Esquemas. Ejemplo de esquema

1. LA MEMORIA

Una de las mayores dificultades de la oposición es lograr retener el gran número de temas que son necesarios para superar los distintos ejercicios.

No es momento de cuestionar la importancia de la memoria, muy denostada por algunos. Baste decir que comparto las tesis del profesor Gregorio Luri, que ha explicado en varios de sus libros que "somos nuestra memoria y, lo que no está en nuestra memoria, simplemente no forma parte de nuestro conocimiento".

Además de los argumentos que confirman la importancia de la memoria como un elemento clave del conocimiento, baste decir que estar cuestionando las reglas del juego no parece muy inteligente.

Al que no lo haya leído con suficiente detenimiento le recomendaría que regresara al segundo capítulo. ¿Quieres aprobar la oposición? ¿Estás dispuesto a los sacrificios? Nadie te obliga a memorizar un temario largo, puedes dedicarte a oposiciones más fáciles o a trabajos que no requieran tantos conocimientos.

A su vez, dentro de las oposiciones de élite hay grandes diferencias en el grado de literalidad que se exige para aprobar. Incluso, por citar el paradigmático ejemplo de la oposición de Notarías, el sagrado Código Civil se exige con un rigor talibanesco, mientras otras leyes especiales, aunque pertenezcan a esa misma rama del Derecho, no exigen ese nivel.

Estemos o no de acuerdo con tal exigencia, eso es lo que hay. Sí quiero aprovechar para recordar algunos conceptos básicos. Hay muchos manuales al respecto, de neurociencia y otros menos científicos. Tampoco es necesario conocer en profundidad el funcionamiento del hipotálamo, pero no está de más aportar algún consejo.

2. FUNCIONAMIENTO DE LA MEMORIA

Con estas líneas pretendo refrescar conocimientos que entiendo que son básicos, pero a veces olvidamos, nunca mejor dicho.

Podemos comparar el cerebro con un ordenador y, al igual que este, tiene una capacidad limitada. Además, solo una parte está destinada a almacenar información, lo que nos lleva a concluir que debemos seleccionar lo necesario y utilizar de forma eficiente nuestra memoria.

Aquello de **"el saber no ocupa lugar"** es muy bonito, pero, al menos durante el tiempo que consumamos en nuestra oposición, no es cierto.

En primer lugar, a nuestra mente llegan estímulos de muy diversa índole (vista, oído, gusto, olfato, etc.). Estas informaciones, algunas de ellas incluso de forma inconsciente, pasan a un sistema de control. En ese sistema de control sí aparece LA VOLUNTAD. A través de este sistema de control dirigimos nuestra actividad, dándole las órdenes oportunas.

Este control es posible y prueba de ello es la constatación de que muchas veces estamos tan abstraídos en algo que no nos percatamos de lo que sucede a nuestro alrededor. La razón es simple, LA CONCENTRA-

CIÓN permite que solo dejemos pasar a nuestro sistema de control lo que nos interesa.

Vivimos tiempos muy difíciles para la concentración. La generación actual, muy habituada a multitud de estímulos (pantallas, televisores, móviles, tabletas, ordenadores e infinidad de redes sociales) ha perdido mucho en capacidad de concentración.

Suele suceder lo contrario. Todas las informaciones que llegan (vista, oído, sentimientos, emociones, recuerdos...) pasan a la mente, generando una actividad frenética y un auténtico desasosiego.

Ya sea en un sentido positivo (CONCENTRACIÓN) o negativo (AGITACIÓN), la repetición de conductas va formando hábitos.

3. EL "CORTIJO DE LA MEMORIA"

Una vez aclarado este primer paso, necesario para la incorporación de conocimientos, podemos pasar a centrarnos en la labor de memorización.

En este caso, en lugar de utilizar el símil del ordenador, podemos comparar la memoria con un edificio. Generalmente, desde tiempos medievales, se ha utilizado el término "el palacio de la memoria". Como tengo costumbre de desmitificar las cosas y utilizar un lenguaje más sencillo, recordando mi origen andaluz, lo bautizaré como "el cortijo de la memoria".

Pretendo ser didáctico y, sobre todo, sincero. No todos tenemos la misma capacidad de almacenamiento. Algunos tienen un auténtico palacio y a otros apenas les alcanzará para un modesto apartamento. En cualquier caso, utilizando a tope nuestras capacidades nos bastará para lograr nuestro objetivo.

Como decía, en ese cortijo, lleno de jardines, pasillos, habitaciones y estanterías, iremos almacenando las distintas informaciones que vamos adquiriendo a lo largo de nuestra vida. Al igual que hay objetos que guardamos en un trastero y no volvemos a ver, hay recuerdos que no visitaremos e iremos olvidando. Pero lo importante es que guardemos en un lugar accesible lo que necesitemos, en este caso para superar la oposición.

En resumen, repito dos conceptos clave: concentración y organización.

Para poder dejar paso a los conocimientos necesitamos abrir la puerta del cortijo, y una vez dentro, hay que guardarlos en un lugar apropiado.

Esta guía pretende ser breve y, por tanto, solo quiero recordar tres métodos: razonamiento, repetición y reglas nemotécnicas. En mi caso, soy muy aficionado a los libros de psicología, pedagogía e incluso neurociencia. Cualquier ayuda es bienvenida, en este sentido hay muchos libros actuales cuya lectura recomiendo. En cuanto a los libros clásicos, aunque es muy antiguo, me resultó muy inspirador *Los tónicos de la voluntad* de Ramón y Cajal.

4. TÉCNICAS DE ESTUDIO. EL SUBRAYADO

En lo relativo a las técnicas de estudio, aunque no es el objeto principal de este texto, quiero resaltar brevemente la importancia de una lectura comprensiva que, acompañada del subrayado y la realización de esquemas o resúmenes, nos ayudará a lograr nuestro objetivo final.

Subrayar es algo más que trazar líneas, rayas, señales, debajo de ciertas palabras que se desea destacar. He visto "instagrameros" que nos enseñan cientos de rotuladores de colores imposibles (de los cuales desconocía, incluso, su existencia). Obviamente, es mi opinión, y si te ayuda tener un rotulador magenta clarito para resaltar determinado artículo del reglamento y con otro de un color mostaza oscuro eres capaz de recordarlo para siempre, te felicito, pero, al menos a mí, no solo no me ayuda, sino que me confunde.

Me conformo con un lápiz y, en todo caso, otro bicolor azul y rojo, para destacar los artículos principales y rodear la legislación. Lo que sí alerto es de un error común, el de aquellos que subrayan todo, y además con rotuladores fluorescentes, convirtiendo los apuntes en una ensalada multicolor.

De esta forma, recomiendo una lectura detenida y atenta, y subrayar las ideas importantes. También es cierto que parto de que disponemos de un buen temario, lo cual es mucho suponer, pero ya que hemos pagado por ello, se supone que previamente una persona que debería haber aprobado la oposición ha discriminado qué contenidos son los importantes.

Lamentablemente, esto no es así, por lo que recomiendo subrayar exclusivamente lo fundamental. Hay que subrayar ideas, no palabras, destacando las ideas clave. Una vez más, "menos es más", ya que, si abusas, en lugar de facilitar la comprensión lectora, lo harás más difícil.

5. EL RESUMEN Y EL ESQUEMA

Los resúmenes son muy importantes para el estudio. Algunos de mis alumnos aseguran que son incapaces de estudiar un tema si no han hecho su correspondiente resumen. Les insisto en que ello conlleva demasiado tiempo, por lo que vuelvo a copiar el objetivo del presente texto:

"1.–Que apruebes.
2.–Que apruebes lo antes posible.
3.–Si es posible, que apruebes con el menor sufrimiento."

De esta forma, mi consejo es que, tras una primera lectura de toma de contacto, en la segunda lectura más detenida procedas al subrayado. En esta segunda fase entenderás de forma más clara los contenidos esenciales para que, en una tercera lectura, empieces a desarrollar un esquema.

En este caso, lógicamente, me refiero a oposiciones que tienen un gran contenido jurídico, por lo que la importancia de la legislación es vital. De ahí que, como se puede comprobar en el ejemplo que adjunto del tema 25 correspondiente al Impuesto sobre el Valor Añadido, fundamentalmente se limite a destacar los artículos que hay que memorizar.

6. EJEMPLO DE ESQUEMA

Adjunto el correspondiente al tema 25 del tercer ejercicio de las oposiciones al Cuerpo Técnico de Hacienda, el segundo de los que dedica al Impuesto sobre el Valor Añadido.

Tema 25. El impuesto sobre el valor añadido (2). Devengo. Base imponible. Tipos de gravamen. Deuda tributaria. Liquidación. Deducciones: requisitos. Régimen de deducciones en sectores diferenciados. Regla de prorrata. Deducciones anteriores al comienzo de la actividad. Devoluciones.

1. DEVENGO (ARTS. 75 a 77 LIVA).

1.1. ENTREGAS DE BIENES YPRESTACIONES DE SERVICIOS.

1.2. ADQUISICIONES INTRACOMUNITARIAS DE BIENES.

1.3. IMPORTACIONES.

2. BASE IMPONIBLE (ART. 78).

2.1. ENTREGAS DE BIENES YPRESTACIONES DE SERVICIOS.

2.1.1. Reglas especiales de determinación de la base imponible.

2.1.2. Modificación de la base imponible.

2.1.3. Regímenes de determinación de la base imponible.

2.2. ADQUISICIONES INTRACOMUNITARIAS DE BIENES.

2.3. IMPORTACIONES.

3. REPERCUSIÓN DEL IMPUESTO Y TIPOS DE GRAVAMEN.

3.1. REPERCUSIÓN DEL IMPUESTO (ART. 88 LIVA).

3.2. RECTIFICACIÓN DE LAS CUOTAS REPERCUTIDAS.

3.3. TIPOS IMPOSITIVOS.

3.3.1. Tipo general del 21% (art. 90 LIVA).

3.3.2. Tipo reducido del 10% (art. 91.uno LIVA).

3.3.2.1. Entregas, adquisiciones intracomunitarias e importaciones de bienes.

3.3.2.2. Prestaciones de servicios.

3.3.2.3. Otras operaciones.

3.3.3. Tipo superreducido del 4% (art. 91.dos LIVA).

4. DEUDA TRIBUTARIA. LIQUIDACIÓN.

5. DEDUCCIONES: REQUISITOS.

5.1. REQUISITOS PARA PRACTICAR LAS DEDUCCIONES.

5.1.1. Requisitos subjetivos.

5.1.2. Requisitos funcionales.

5.1.3. Requisitos objetivos.

5.1.4. Requisitos formales.

5.1.5. Requisitos temporales.

5.1.6. Requisitos de procedimiento.

6. RÉGIMEN DE DEDUCCIONES EN SECTORES DIFEREN-CIADOS.

7. REGLA DE PRORRATA.

7.1. PRORRATA GENERAL.

7.2. PRORRATA ESPECIAL.

8. REGULARIZACIÓN DE DEDUCCIONES.

8.1. REGULARIZACIÓN DE DEDUCCIONES POR BIENES DE INVERSIÓN.

8.2. REGULARIZACIÓN DE LAS DEDUCCIONES DE LAS CUOTAS SOPORTADAS CON ANTERIORIDAD AL COMIENZO DE LAS ACTIVIDADES EMPRESARIALES O PROFESIONALES.

8.3. RECTIFICACIÓN DE DEDUCCIONES.

9. DEDUCCIONES ANTERIORES AL COMIENZO DE LA AC-TIVIDAD.

10. DEVOLUCIONES.

10.1. Solicitud de devoluciones al fin de cada período de liquida-ción (art. 116 LIVA).

10.2. Devoluciones a exportaciones en régimen de viajeros (art. 117 LIVA).

10.3. Devoluciones a empresarios o profesionales establecidos y no establecidos en el territorio de aplicación del impuesto, Islas Canarias, Ceuta y Melilla, correspondientes a cuotas soportadas por operaciones efectuadas en la comunidad con excepción de las realizadas en dicho territorio (arts. 117 bis y 119).

10.4. Devoluciones a determinados empresarios o profesionales no establecidos en el territorio de aplicación del impuesto, ni en la comunidad, Islas Canarias, Ceuta o Melilla (art. 119 Bis LIVA).

10.5. Devoluciones a transportistas (art. 30 bis riva).

CAPÍTULO 8.

La importancia de practicar.
Los medios económicos.
El hijo del notario con el BMW.
La contabilidad.
Ejemplo de examen de contabilidad

La importancia de los simulacros. Ejemplo de examen de contabilidad CTH

Ningún atleta se presenta a la prueba de los 100 metros vallas sin haber recorrido miles de veces ese tartán, repetido la técnica de la valla, etc. Sin embargo, pese a dedicar varios años al estudio de la oposición, la experiencia de mis alumnos me demuestra que muchos de los opositores al Cuerpo Técnico de Hacienda (cuyo tercer examen consiste en 24 supuestos prácticos y posteriormente la realización de un tema en hora y media) se han limitado a "hacer el tema en el ordenador".

De hecho, cada vez más, los opositores cometen faltas de ortografía. La costumbre del ordenador y de los teléfonos inteligentes nos embrutece y en las generaciones jóvenes no conocen otra cosa. Es simple evolución o devolución humana.

Lo mismo ocurre en lo referente a los exámenes de Contabilidad. En las oposiciones a la Agencia Tributaria se pide un exigente ejercicio de Contabilidad financiera y de sociedades, así como Matemáticas financieras. En realidad, se exige para las oposiciones de acceso al Cuerpo de Inspección, Técnico, Superior y Ejecutivo de Vigilancia Aduanera, es decir, en los grupos A1 y A2, no así en los exámenes de Agentes de la Hacienda Pública.

Adjunto examen de Contabilidad (en general, se suele hablar de Contabilidad por su importancia relativa, aproximadamente un 80%, aunque incluye Matemáticas financieras) de la última convocatoria del Cuerpo Técnico de Hacienda. Aunque es fácil encontrar en Internet los últimos exámenes, lo cierto es que muchos universitarios terminan su carrera y están perdidos. He participado en sesiones con la universidad explicándoles las posibilidades de trabajar en la Agencia Tributaria y creo que la lectura de este examen ayudará a acercar a la realidad de la oposición.

Al igual que se critican los exámenes en los que se priman los contenidos teóricos, con argumentos tan sesudos como "es absurdo memorizar, lo podría hacer un loro", la Contabilidad goza de un prestigio que, no solo no ha decaído, sino que ha motivado que los examinadores hayan ido incrementando la dificultad de los supuestos año tras año, hasta llegar al examen que adjunto.

En este caso, no es tan habitual escuchar prácticas con los argumentos: "Ese examen no te lo vas a encontrar en la vida real, los técnicos no se ocupan de inspeccionar empresas que realicen operaciones de reducción y ampliación de capital de la siguiente forma: • Reducir el capital mediante amortización de pérdidas procediendo a la reducción del valor nominal de las acciones correspondiente. • Ampliación de capital liberada utilizando para ello las reservas de libre disposición y la reserva legal en el límite máximo permitido por la ley".

Pero, al igual que decía con anterioridad, hay que aceptar las reglas del juego, dedicar el tiempo necesario a la Contabilidad, pero sin obsesionarse, compatibilizando su estudio con el del primer y tercer examen.

1. LA CONTABILIDAD. EXAMEN DE CONTABILIDAD

EXAMEN CONTABILIDAD 2022

CUERPO TÉCNICO DE HACIENDA

SUPUESTO N.º 1 DERSA

La sociedad anónima "DERSA" presenta, a 1 de enero de 2X20 el siguiente balance de situación, expresado en euros: ACTIVO NETO 124.000 Gastos de I+D Capital Social 600.000 75.000 Fondo de Comercio Reserva Legal 117.400 40.000 Propiedad Industrial Prima de emisión 60.000 1.165.000 Terrenos y Construcciones Socios por desembolsos no exigidos (15.000) 145.000 Maquinaria Resultados negativos ej. anteriores (253.400) 86.000 Elementos de transporte Resultados ejercicio 2X19 273.100 27.000 Equipos para procesos información Deudas a largo plazo 1.023.400 220.000 Existencias Proveedores 63.000 145.000 Deudores Deudas a corto plazo 210.000 102.300 Tesorería H.P. Acreedor 47.000 8.700 Ajustes por periodificación Ajustes por periodificación 12.500 2.138.000 TOTAL 2.138.000

Información complementaria:

El Capital Social está formado por 300.000 acciones de igual valor nominal. Los desembolsos no exigidos afectan a 30.000 acciones de la última ampliación de capital. Operaciones del periodo:

1. Reunida la Junta General de Accionistas, adopta, entre otros, los siguientes acuerdos:

    a) Reparto del resultado del ejercicio. Se adopta la decisión de repartir el máximo dividendo posible una vez cubiertas todas las atenciones legales. La sociedad procede al abono con fecha 1 de marzo de 2X20. Retención aplicada a los perceptores: 19%.

    b) Proceder a la reclamación del desembolso pendiente. En este sentido socios titulares de 25.000 acciones proceden al abono del mismo con fecha 1 de abril. La sociedad decide declarar en mora a aquellos que no hacen frente al desembolso, iniciando las correspondientes acciones judiciales de reclamación.

c) Acometer, con fecha 1 de mayo, una doble operación de reducción y ampliación de capital de la siguiente forma: • Reducir el capital mediante amortización de pérdidas, procediendo a la reducción del valor nominal de las acciones correspondiente. • Ampliación de capital liberada utilizando para ello las reservas de libre disposición y la reserva legal en el límite máximo permitido por la ley. La ampliación se aplicará a las acciones en vigor mediante aumento del valor nominal. • Realizar una emisión de acciones privilegiadas mediante el lanzamiento de 50.000 acciones de valor nominal 2 euros cada una al 180%. El privilegio consiste en un dividendo garantizado por 5 años de 0,40 euros por acción además del dividendo ordinario que se apruebe y con independencia de los resultados de la sociedad. La emisión es íntegramente suscrita y desembolsada con fecha 1 de junio de 2X20. Los gastos de emisión abonados ascienden a 8.300 euros. • A efectos de cálculo cuando sea necesario, la sociedad considera un tipo de descuento de un 4%.

2. La sociedad anónima ALFA adquiere, con fecha 2 de enero de 2X20, 20.000 acciones de DERSA totalmente desembolsadas a un precio unitario de 4 euros la acción. La inversión tiene carácter de largo plazo.

3. El día 1 de marzo recibe el dividendo correspondiente.

4. Con fecha 1 de mayo recibe notificación de DERSA comunicando el nuevo valor nominal de las acciones.

TRABAJO A REALIZAR:

Realice las anotaciones contables que procedan, siguiendo el orden de las operaciones descritas en los puntos anteriores correspondiente al ejercicio 2X20, de las sociedades DERSA y ALFA. En la resolución del supuesto deberá tener en cuenta lo siguiente: • No es necesario que utilice las cuentas de los grupos ocho y nueve del Plan General de Contabilidad. No obstante, si lo considera oportuno puede hacerlo. • En el caso de

que el opositor estime que en algún punto de los apartados anteriores no es preciso realizar ninguna anotación contable, deberá hacerlo constar.
• En las respuestas deberán identificarse claramente las cuentas de cargo y de abono, sin que sea suficiente limitarse a señalar códigos de cuentas exclusivamente.

SUPUESTO N.º 2 ALTASA

1. La sociedad anónima ALTASA es la propietaria de unos terrenos que adquirió en el año 2X10 por 66.000.000 euros. Sobre dichos terrenos ha edificado una construcción que entró en funcionamiento el 1 de enero del año 2X12. El coste de la construcción fue de 35.000.000 euros y el criterio de la empresa es su amortización lineal en 25 años.

2. El 1 de julio del año 2X15 la sociedad realiza una ampliación en la construcción en curso consistente en una reforma que permite un mejor aprovechamiento del espacio disponible. El coste de la misma ascendió a 1.500.000 euros.

3. Finalmente, el 1 de octubre de 2X17 se ve obligada a realizar unos trabajos, puesto que unas fuertes nevadas han derribado parte del techo. La reparación asciende a 700.000 euros, que fueron abonados mediante transferencia bancaria.

4. Con fecha 1 de julio de 2X19 la sociedad tiene la oportunidad de mudar su centro logístico a una zona periférica de la capital, en un polígono industrial que es promocionado por una empresa privada. A tal fin negocia con ellos una reversión de los terrenos que ocupa actualmente (de mayor valor económico) y el pago de la diferencia mediante bonos de una emisión que la sociedad promotora del polígono industrial ha realizado para financiar sus operaciones comerciales. Los inmuebles recibidos tienen un valor de mercado de 55.000.000 euros, de los que 32.000.000 euros se corresponden con el valor del terreno y el resto con el de la edificación.

5. El 1 de enero de 2X20 se realiza la operación comercial. ALTASA entrega el terreno y la edificación actual en las siguientes condiciones: - El terreno y la edificación entregados tienen un valor de mercado de 100.000.000 euros. - Además del terreno y la

construcción nueva, se acuerda que adicionalmente recibirá 500 bonos de nominal 100.000 euros, con un cupón anual del 3,5% y vencimiento el 31 de diciembre de 2X23. - Estos bonos se valoran en 44.861.302 euros. El descuento en el precio de la compra se debe a la diferencia que surge como consecuencia de que el tipo de interés de mercado en ese momento es el 6,5%. - La entidad clasifica el bono como activo financiero a valor razonable con cambios en patrimonio neto.

6. A 31 de diciembre de 2X20 el tipo de interés de mercado asciende al 4,5%, de forma que el valor razonable se recoge en la siguiente tabla:

Fecha Valor razonable en € 1 enero año 2X20 44.861.302 31 diciembre año 2X20 48.625.518 31 diciembre año 2X21 49.063.666 31 diciembre año 2X22 49.521.531 31 diciembre año 2X23 50.000.00

TRABAJO A REALIZAR:

1. Realizar las anotaciones contables de las operaciones reseñadas en los puntos 1 a 5.

2. Realizar las anotaciones contables correspondientes a las anualidades de 2X20 y 2X21 correspondientes a los bonos.

3. Si a 31 de diciembre de 2X21 el tipo de interés de mercado es del 4,75%, calcular los valores razonables de los bonos, suponiendo que posteriormente no hay más variaciones en los tipos de mercado.

En la resolución del supuesto deberá tener en cuenta lo siguiente:

• No es necesario que utilice las cuentas de los grupos ocho y nueve del Plan General de Contabilidad. No obstante, si lo considera oportuno puede hacerlo. • En el caso de que el opositor estime que en algún punto de los apartados anteriores no es preciso realizar ninguna anotación contable, deberá hacerlo constar. • En las respuestas deberán identificarse claramente las cuentas de cargo y de abono, sin que sea suficiente limitarse a señalar códigos de cuentas exclusivamente.

SUPUESTO N.º 3 IMPORTANTE

La empresa IMPORTANTE se dedica a la importación en bruto de materias primas desde otros países a España para su posterior distribución a nivel mayorista. Para ello se encarga de suscribir distintos tipos de contratos normalmente a medio-largo plazo con productores extranjeros con distintas características. Dispone de almacenes en España desde donde se realiza la distribución mediante una flota propia de elementos de transporte. Hasta España la mercancía viene normalmente en contenedores por vía marítima. A 1 de enero del año 2X20 dispone de las siguientes existencias en almacén: Producto Toneladas Valor económico Café 2.458 23.228.100 Cacao 1.586 3.885.700 Soja 3.679 16.555.500 Operaciones del mes de enero del año 2X20:

1. A 1 de enero tiene en camino la importación de 250 toneladas de café. Han sido adquiridas en un país latinoamericano con un compromiso de pago de 2.690.000 dólares USA. La mercancía llega a puerto el día 5 de enero, es descargada el día 9 y trasladada a los almacenes de la empresa, donde llega el día 14. El proveedor remite la factura de compra con fecha 5 de enero en que se produce la llegada a puerto (la mercancía viajaba hasta puerto español por cuenta y riesgo del vendedor).

2. Los gastos de transporte del café en territorio español ascienden a 87.500 euros, que son abonados mediante transferencia bancaria.

3. Con fecha 10 de enero formaliza un contrato de venta de cacao con un mayorista productor de chocolate por el que la empresa se compromete a suministrarle 500 toneladas mensuales a un precio fijo de 2.650 euros la tonelada durante los próximos 24 meses. A fecha 20 de enero realiza el envío de la primera remesa. A su vez el proveedor deposita en una entidad bancaria la cantidad de 3.975.000 euros para garantizar el pago de los envíos correspondientes a dicho suministro.

4. Con fecha 30 de enero efectúa una compra de 500 toneladas de cacao. El precio de mercado es de 2.800 dólares USA la tonelada. Emite un pagaré pagadero en 90 días en favor del proveedor.

5. Adquiere 1.200 toneladas de soja a un precio de 4.250 dólares USA la tonelada. El encargo se realiza con fecha 14 de enero. La mercancía será depositada en un barco el día 20 de enero, realizándose el transporte por cuenta y riesgo de la empresa compradora. Para ello encarga varios contenedores cuyo coste de

transporte a España será de 50.000 euros. La mercancía sale de puerto americano el 30 de enero y está prevista su llegada el 15 de febrero a puerto español.

6. Además de lo expresado anteriormente, las ventas del mes de enero son las siguientes: - 2.670 toneladas de café el día 30 de enero a un precio de 11.340 dólares USA la tonelada. Los costes asociados a la venta por cuenta de la empresa ascienden a 135.000 euros. - 970 toneladas de cacao a un precio por tonelada de 3.800 dólares USA, también el día 30 de enero. En la venta va incluida la opción de pago aplazado en 6 meses, a lo que se acoge el cliente, lo que supone que abonará la cantidad pendiente más un 2% adicional en concepto de intereses por pago mayor del plazo normalmente estipulado. - 1.650 toneladas de soja a un precio de 6.350 euros la tonelada. La operación se realiza el 30 de enero y en factura se incluye un descuento al proveedor por pronto pago por valor de 200.000 euros. El cliente abona el importe mediante transferencia bancaria.

7. La cotización del dólar USA respecto al euro en las distintas fechas es de:

1 de enero: 1 $ = 0,85 €

5 de enero: 1 $ = 0,90 €

14 de enero: 1 $ = 0,93 €

20 de enero: 1 $ = 0,95 €

30 de enero: 1 $ = 0,98 €

8. La sociedad utiliza el método FIFO de valoración de inventarios.

TRABAJO A REALIZAR:

Realice las anotaciones contables que procedan, siguiendo el orden de las operaciones descritas en los puntos anteriores correspondiente al ejercicio 2X20, de la sociedad IMPORTANTE. Deberá realizarse el asiento contable de las existencias finales a 31 de enero de 2X20. En la resolución del supuesto deberá tener en cuenta lo siguiente:

• No es necesario que utilice las cuentas de los grupos ocho y nueve del Plan General de Contabilidad. No obstante, si lo considera oportuno puede hacerlo. • En el caso de que el opositor estime que en algún punto de los apartados anteriores no es preciso realizar ninguna anotación contable, deberá hacerlo constar. • En las respuestas deberán identificarse claramente las cuentas de cargo y de abono, sin que sea suficiente limitarse a señalar códigos de cuentas exclusivamente.

SUPUESTO N.º 4 MAQUINASA

1. A finales del ejercicio 2X19 se adquirieron con carácter especulativo 4.000 acciones de la entidad mercantil que cotiza en bolsa DERMATOSA, cotizaban al 145% y que tienen un nominal de 20 euros. Los gastos de adquisición fueron de 1.200 euros. La cotización al finalizar el ejercicio era de 150%. A finales del ejercicio 2X20 la cotización es del 140%. Finalmente, viendo que cada vez la cotización es menor, en el mes de mayo de 2X21 deciden venderlas a 15 euros, soportando unos gastos de 200 euros.

2. En el ejercicio 2X20 es objeto de una comprobación en el curso de un procedimiento Inspector, por el Impuesto sobre Sociedades, en la que se pudo estimar con fiabilidad que la cuota a pagar sería de 25.000 euros, con unos intereses de demora de 3.000 euros y una sanción de 10.000 euros. Dicha liquidación fue recurrida. En el mes de febrero de 2X21 y ante la insistencia del asesor fiscal, la sociedad decide dotar la oportuna provisión. En el mes de julio de 2X21 es estimado parcialmente el recurso, lo que determina una cuota a pagar de 15.000 euros, unos intereses de 1.000 euros y una sanción de 5.000 euros. La liquidación es abonada por banco.

3. El día 3 de agosto de 2X21 adquiere 200 acciones que cotizan en bolsa de la sociedad TORNASA, de valor nominal 300 euros al 140%, con unos gastos de 250 euros. Esta sociedad había acordado el 30 de junio, fecha de aprobación de las cuentas del ejercicio anterior, el abono de un dividendo de 5 euros por acción, que será abonado el 30 de octubre. El día 2 de noviembre de 2X21, en Junta Extraordinaria de Accionistas, se acuerda el abono de un dividendo de 10 euros por acción, con cargo a reservas de libre disposición de ejercicios anteriores, que será abonado el 30 de noviembre.

4. El detalle de la nómina de diciembre de 2X21, que es abonada por banco, es el siguiente: Salarios devengados: 540.000 euros Aportaciones a Planes de Pensiones a favor de los empleados: 15.000 euros Seguridad Social a cargo de la empresa: 210.000 euros. Seguridad Social a cargo de los trabajadores: 25.800 euros. Retenciones judiciales sobre sueldos de empleados: 20.000 euros. Recuperación de anticipos entregados: 28.000 euros. Retenciones: 180.000 euros.

5. El 1 de julio de 2X19 adquiere una maquinaria para su proceso productivo por importe de 200.000 euros que abona por banco. En esta misma fecha solicita una subvención de la Comunidad Autónoma para financiar dicha maquinaria. El 1 de octubre de 2X19 se le concede por un importe de 120.000 euros, que le son ingresados por banco el 1 de diciembre de 2X19. La amortización será durante 10 años. El 31 de diciembre de 2X21 el valor razonable de la maquinaria es de 100.000 euros.

TRABAJO A REALIZAR:

Realice las anotaciones contables que procedan, siguiendo el orden de las operaciones descritas en los puntos anteriores correspondientes a los ejercicios 2X19, 2X20 y 2X21. En la resolución del supuesto deberá tener en cuenta lo siguiente:

- No es necesario que utilice las cuentas de los grupos ocho y nueve del Plan General de Contabilidad. No obstante, si lo considera oportuno puede hacerlo. • En el caso de que el opositor estime que en algún punto de los apartados anteriores no es preciso realizar ninguna anotación contable, deberá hacerlo constar. • En las respuestas deberán identificarse claramente las cuentas de cargo y de abono, sin que sea suficiente limitarse a señalar códigos de cuentas exclusivamente.

SUPUESTO N.º 5 AGRUPATODOS

La sociedad mercantil anónima AGRUPATODOS tiene su domicilio fiscal en España y está sujeta al tipo del 25% en el Impuesto sobre Sociedades en el ejercicio 2X21, habiendo tenido un importe neto de cifra de negocios de 8.000.000 euros y un resultado contable antes de impuestos de 1.560.000 euros. Se han aplicado durante este ejercicio al máximo los beneficios fiscales establecidos en la legislación vigente. Los datos que pudieran tener transcendencia en dicho impuesto son los siguientes:

1. Ha abonado un recargo de apremio, por una deuda que no fue pagada en período voluntario por importe de 2.000 euros y ha tenido gastos contabilizados por atenciones a clientes por importe de 150.000 euros.

2. El 1 de marzo ha adquirido una instalación técnica por importe de 1.500.000 euros, que según tablas debe amortizarse al 15% y con un período máximo de 12 años.

3. Asimismo, en régimen de arrendamiento financiero adquirió el 1 de enero de 2X18 otras instalaciones técnicas por importe de 500.000 euros. El cuadro de financiación de las mismas es el siguiente: 2X18 2X19 2X20 2X21 Recuperación coste del bien 115.000 120.000 125.000 140.000 Intereses 30.000 25.000 20.000 5.000 Según tablas, estas instalaciones técnicas deben amortizarse al 10%.

4. En el ejercicio 2X19 se dotó una provisión ante demanda de responsabilidad civil interpuesta por un cliente debido a la entrega de una mercancía defectuosa por importe de 65.000 euros. El 6 de febrero se dicta sentencia firme por la que la mercantil es condenada al pago de 75.000 euros.

5. El 7 de julio se ha efectuado una venta a plazos de un prototipo elaborado por la propia empresa, cuyo calendario de cobro previsto es el siguiente: - 200.000 euros el mismo día de la venta. - 500.000 euros en el plazo de 12 meses. - 1.300.000 euros en el plazo de 24 meses. El beneficio de esta operación es de 500.000 euros.

6. El día 1 de diciembre, ante dificultades de tesorería, se acuerda por Junta Extraordinaria y Universal de Accionistas la ampliación de capital por un importe de 2.000.000 euros, lo que ha supuesto unos gastos de 50.000 euros. Se suscriben y desembolsan todas las aportaciones.

7. Existen bases imponibles negativas pendientes de compensar de ejercicios anteriores por importe de 450.000 euros. Asimismo, se

tienen unas deducciones pendientes de aplicar por importe de 15.000 euros. En el presente ejercicio se han generado deducciones por importe de 5.000 euros que el órgano de administración de la sociedad decide aplicarlas en dos períodos impositivos.

8. Los pagos fraccionados ascienden a 540.000 euros y las retenciones a 150.000 euros.

TRABAJO A REALIZAR:

1. Cálculo de la base imponible y la cuota íntegra y líquida del Impuesto.

2. Conciliación entre el resultado contable y fiscal.

3. Contabilización de las operaciones del ejercicio 2X21, que puedan afectar al Impuesto sobre Sociedades. En la resolución del supuesto deberá tener en cuenta lo siguiente:

   • No es necesario que utilice las cuentas de los grupos ocho y nueve del Plan General de Contabilidad. No obstante, si lo considera oportuno puede hacerlo. • En caso de que el opositor estime que no es necesaria anotación contable en algún punto, deberá hacerlo constar. • En las respuestas deberán identificarse claramente las cuentas de cargo y de abono, sin que sea suficiente limitarse a señalar códigos de cuentas exclusivamente

2. LOS MEDIOS ECONÓMICOS. EL HIJO DEL NOTARIO CON EL BMW

En el segundo capítulo ya decía que lo más importante para lograr el éxito en la oposición es EL OPOSITOR, así, con mayúsculas. El opositor, aunque a algunos les parezca otra cosa, es un ser humano. Y tiene las mismas necesidades que el resto de seres humanos. La sociedad asume que un estudiante universitario necesita comida, vivienda, vestido, teléfono e incluso wifi. Pues en el caso del opositor que, libre y voluntariamente, decide sacrificar unos años al estudio para obtener un puesto de funcionario, le sucede lo mismo.

De este modo tendrá los mismos medios que una persona de su edad, residencia, entorno socioeconómico, etc. En casos de pobreza, al igual que existen las becas universitarias, entiendo que debería haber becas de postgrado (obviamente, con unos requisitos de cumplimiento, porque, en caso contrario, existirían opositores profesionales, como existen los políticos profesionales, por poner un ejemplo). Superadas esas necesidades mínimas, tampoco es beneficioso para el aprobado ser un "opositor rico".

Voy a contar alguna anécdota para ilustrar las facilidades y/o dificultades que se encuentran en el camino. Recuerdo mis tiempos en la Facultad de Derecho en mi Granada en que conocí a alumnos de toda clase social. "The rich declare themselves por", cantaba George Michael cuando ya era asquerosamente rico y defendía la filantropía muy de moda con Bono (el de U2, no el político manchego) y otras superestrellas.

En Granada solía suceder lo contrario, la clase media se consideraba media alta, y no digamos ya un Notario de provincias. De este modo, un fedatario público de algún remoto pueblo de La Alpujarra, que invariablemente recorría cien o doscientos kilómetros diarios con tal de residir en la capital, pese a tener un sueldo que no destacaría en las grandes capitales españolas, era más que rico.

Así, un estudiante como yo compartía pupitre en la universidad pública con los "hijos de los ricos". En uno de los cafés de los descansos le comenté mi proyecto de preparar las oposiciones de Gestión de la Hacienda Pública. El hijo del Notario del altiplano granadino, tras confesar sus dudas sobre la oportunidad de mi decisión, me espetó:

—¿Cuánto gana al mes un subInspector?

Como dije, en mi familia, al igual que en muchas de la época, los niños no preguntaban esas cosas.

—Pues, la verdad es que no lo sé —contesté.

—¿De verdad te presentas a una oposición y no sabes lo que se gana?

—Supongo que estarán bien pagadas, no sé, para empezar, unas 200.000 pesetas al mes (que, en aquella época, antes de la llegada del euro, era un buen sueldo).

—¡Bah! Para eso, no preparo oposiciones, le digo a mi padre que me contrate de oficial, que ganan eso o incluso más si te mueves bien.

Ante respuesta tan contundente, no pude sino permanecer en el silencio. Le podría haber dicho que prefería ganármelo por mis propios medios, o que el prestigio era diferente, pero pensé que no merecía la pena el esfuerzo dialéctico.

No contento con su exposición, continuó reflexionando en voz alta:

—De hecho, mi padre me da 100.000 pesetas al mes de paga para mis gastos.

Aunque podría haber seguido callado, no pude evitar completar su exposición:

—Y también te pone un BMW para pasear a la novia por Granada, así que tienes razón, si apruebas, incluso Notarías y tienes que empezar por un destino con pocos números, como Campillo de Arenas (uno de los típicos primeros destinos de los aprobados en la oposición al Cuerpo Notarial, situado en Jaén), por ejemplo, vas a salir perdiendo.

—¡Exacto! —confirmó ufano, no apreciando la ironía.

Es un caso extremo, pero lo que quiero explicar con esta anécdota es que un exceso de medios no solo no ayuda, sino que incluso desincentiva el esfuerzo. La realidad es que yo aprobé muy joven esa oposición de exiguo sueldo, incluso por debajo del que esperaba. Y él empezó a estudiar Registros muchos años después (Notarías le parecía poco) y después de diez años sin conseguirlo optó por trabajar como pasante en un bufete de abogados y empezó a valorar un sueldo "normal".

CAPÍTULO 9.

Los supuestos prácticos.
El dictamen.
Duración de las actuaciones inspectoras.
Ojalá fueran solo 18, incluso 27 meses

A pesar de las críticas al carácter fundamentalmente memorístico de las oposiciones, en realidad todas tienen una parte práctica muy importante en la que hay que aplicar los conocimientos teóricos al caso concreto.

En el caso de las pruebas de acceso al Cuerpo Superior de Inspectores de Hacienda del Estado, el tercer ejercicio se divide en dos partes, que se celebran en dos días diferentes. La primera (la tarde del viernes) consiste en un dictamen que se estructura en ocho partes.

Parte 1.ª Aspectos jurídicos, civiles y mercantiles. Parte 2.ª Aspectos relacionados con actuaciones y procedimientos de Inspección de los Tributos. Parte 3.ª Aspectos relativos al Impuesto sobre Sociedades. Parte 4.ª Aspectos relativos a los Impuestos sobre el Valor Añadido y sobre Transmisiones Patrimoniales y Actos Jurídicos Documentados. Parte 5.ª Aspectos relativos a Aduanas e Impuestos Especiales. Parte 6.ª Aspectos relativos al Impuesto sobre la Renta de las Personas Físicas. Parte 7.ª Aspectos relacionados con los procedimientos de Gestión Tributaria. Parte 8.ª Aspectos relacionados con los procedimientos de Recaudación.

Para realizar este ejercicio se dispone de cuatro horas (que se convierten en muy, muy cortas). Al día siguiente se realiza la prueba de idiomas (inglés, francés o alemán), de momento solo por escrito.

En el Cuerpo Técnico de Hacienda también existe un ejercicio de supuestos prácticos de aplicación del sistema tributario y aduanero. En este caso, se realiza en una sola sesión, en dos horas y media, después de la cual se dispone de una hora y media para realizar la exposición escrita de un tema de desarrollo.

Adjunto el último dictamen realizado, el 24 de septiembre de 2021. Debido a la duración de los cinco exámenes, el proceso selectivo consume casi un año, lo que condiciona la convocatoria siguiente.

Para realizar los distintos apartados, en primer lugar se añaden unas notas de aplicación a estos.

1. TERCER EJERCICIO EXAMEN INSPECCIÓN

24 de septiembre de 2021

NOTAS

Para la redacción del dictamen se tendrán en cuenta los siguientes criterios y consideraciones:

- La fecha de elaboración del dictamen es la del día de hoy: 24 de septiembre de 2021.
- Se considerará que la normativa sustantiva y procedimental que ha estado vigente en todos los ejercicios ha sido la misma, y es la que está vigente a fecha de hoy.

INFORMACIÓN BÁSICA COMÚN A TODOS LOS APARTADOS

D. Gustavo Pérez y D.ª Ana Gómez son dos ciudadanos de nacionalidad española que han desarrollado unas exitosas carreras profesionales que los llevaron a abandonar España en el año 2010 para residir en Francia, hasta que en julio de 2018 retornaron a Madrid. D. Gustavo y D.ª Ana, casados en Sevilla en 2007, se trasladan a España en 2018 junto con Pedro (nacido en 2009), hijo común de ambos y con Bibiana (nacida en 2003), hija de D. Gustavo de un matrimonio previo. En 2007 el matrimonio firmó capitulaciones matrimoniales acogiéndose al régimen de separación de bienes. D.ª Ana Gómez es abogada y ha trabajado con varios despachos del más alto nivel en Francia. Abrió su propio despacho en París en 2015. Al volver a España, D.ª Ana constituye en 2018, junto con su esposo (50% del capital suscrito por cada socio), la sociedad MIRME, S.L., para desarrollar la misma actividad que ella lleva acabo en París. MIRME contrata inicialmente en 2018 como empleados dos abogados en prácticas y un administrativo. La administradora única de la sociedad es D.ª Ana. En los años siguientes el despacho crece y contrata más abogados y varios jefes de departamento. D.ª Ana se da de alta en España en 2018 en el IAE como abogada, prestando sus servicios profesionales en España de forma exclusiva para MIRME. D.ª Ana es especialista en Derecho alimentario. Simultáneamente, D.ª Ana mantiene su antiguo despacho individual abierto en París, donde se traslada una semana al mes para atender a sus clientes franceses. Adicionalmente, gracias a los contactos que logró realizar en París, D.ª Ana constituye en España, también en 2018, otra sociedad, COMECOME, S.L., para importar y comercializar en España productos alimenticios de la multinacional estadounidense EATEAT, actividad que complementa con el almacenamiento y distribución de productos alimenticios nacionales. D. Gustavo Pérez ha trabajado desde 2010 como ingeniero en la empresa ALLEZENFANTS, multinacional francesa que cuenta con una salud financiera envidiable. En 2018 le ofrecieron la posibilidad de trasladarse a España a dirigir la filial del grupo francés en nuestro país, ALLEZESPAGNE, S.L., sociedad 100% controlada por ALLEZENFANTS. D. Gustavo percibe sus retribuciones como trabajador de ALLEZESPAGNE, S.L. En tanto director de la empresa en España, percibe un sueldo de 25.000 euros al mes más un bonus por resultados de 75.000 euros en diciembre de cada año. Además, la empresa paga a un arrendador el alquiler de la vivienda en donde reside D. Gustavo en Madrid. El importe del alquiler de la vivienda asciende a 2.000 euros al mes todos los años. La empresa también pone un coche a disposición de D. Gustavo. El vehículo, con un coste de 75.000 euros, le supone a la empresa el pago de una cuota de *renting* fija de 1.200 euros cada mes todos los años. Finalmente, la empresa le paga un seguro de vida de 150 euros al mes (cuota fija al mes cada año). D. Gustavo se desplaza todos los días desde Madrid a las instalaciones de ALLEZES-PAGNE sitas en el municipio de Ocaña, en la provincia de Toledo, lugar donde la empresa tiene su domicilio fiscal. El traslado lo hace en la lanzadera que la empresa pone a disposición de sus empleados, ya que para desarrollar su trabajo directivo no necesita utilizar vehículo alguno.

PARTE 1.ª ASPECTOS JURÍDICOS, CIVILES Y MERCANTILES, Y AQUELLOS OTROS DE ÍNDOLE TRIBUTARIA NO EXPRESAMENTE CONTEMPLADOS EN LAS OTRAS PARTES DE INFORME.

PREGUNTA 1

D. Gustavo Pérez ostenta como bien privativo, según consta acreditado por certificación del Registro de la Propiedad, un inmueble sito en la calle Preciados de Madrid, que decide enajenar a D. Juan Beca, por importe de 535.000 euros. El inmueble está libre de cargas. A tal efecto, suscriben un contrato privado de compraventa con fecha 21.05.2021, entregando D. Gustavo las llaves de la vivienda en dicho acto a D. Juan, quien entra a vivir en el piso esa misma tarde, y recibiendo D. Gustavo una transferencia por el importe de la compraventa pactado. Además, las partes acuerdan por escrito elevar a público el contrato suscrito en el plazo máximo de un mes a contar desde dicha fecha. Sin embargo, llegado el término de un mes antes señalado, D. Gustavo se niega a elevar a público el referido contrato privado y sostiene que sigue siendo el verdadero y único propietario del inmueble vendido, recordando a D. Juan que es D. Gustavo quien sigue figurando como titular registral inscrito en el Registro de la Propiedad. Posteriormente, D. Juan es informado de que con fecha 02.07.2021 D. Gustavo ha realizado una donación del inmueble citado en el primer párrafo, sito en calle Preciados, a su hermano D. Guillermo Pérez, donación realizada en escritura pública e inscrita en el Registro de la Propiedad con fecha 15.07.2021. De manera que, a fecha de hoy, la vivienda figura inscrita registralmente a nombre del hermano de D. Gustavo. D. Guillermo es deudor de la Agencia Tributaria, quien procede el 08.09.2021 a embargar el citado inmueble, realizando la correspondiente anotación registral. SE PIDE: 1. Analice sucintamente la validez de la compraventa y de la donación. 2. A fecha de hoy, ¿quién es el verdadero propietario del inmueble vendido con fecha 21.05.2021 y después donado con fecha 02.07.2021? Fundamente jurídicamente la respuesta. 3. D. Juan, que se considera el legítimo propietario del inmueble, pregunta qué puede hacer para defender su propiedad del embargo de la Agencia Tributaria sobre el inmueble. Explique las acciones a promover, el plazo para su interposición y los efectos de su presentación.

PREGUNTA 2

La sociedad ALLEZESPAGNE ha sido objeto de un procedimiento de inspección por parte de la Dependencia Regional de Inspección de su domicilio fiscal. La liquidación dictada incluye los siguientes importes: - Impuesto sobre Sociedades periodo 2017: o Cuota: 145.000 euros o Intereses: 15.000 euros La liquidación se ha firmado por la Agencia Tributaria en fecha 06.07.2021, habiéndose puesto a disposición del contribuyente mediante notificación electrónica el mismo día. El contribuyente accedió electrónicamente a la liquidación el 20.07.2021. SE PIDE: Indique todos los recursos o reclamaciones que pudo presentar el obligado tributario frente a la liquidación, indicando el órgano que conocería del recurso o reclamación y la fecha límite que tenía para interponer cada uno de los recursos o reclamaciones, explicando cómo determina esta fecha. No incluya en su respuesta ningún procedimiento especial de revisión.

PARTE 2.ª ASPECTOS RELACIONADOS CON ACTUACIONES Y PROCEDIMIENTOS DE INSPECCIÓN DE LOS TRIBUTOS.

La sociedad MIRME, S.L., ha recibido el día 7 de septiembre de 2020 una comunicación de inicio de actuaciones Inspectoras de alcance general respecto de los siguientes conceptos y períodos impositivos: • Impuesto sobre Sociedades períodos 2018 y 2019. • Impuesto sobre el Valor Añadido 3.º y 4.º trimestres del ejercicio 2018 y 1.º a 4.º del ejercicio 2019. En dicha comunicación se cita al obligado tributario para que acuda a las oficinas de la Inspección de los Tributos el día 23 de septiembre de 2020, a las 10 horas, solicitando que se aporte la siguiente documentación en dicha visita: - Documento de representación debidamente cumplimentado, en su caso. - Escritura de constitución y estatutos de la Entidad. Escritura de nombramiento de cargos. - Libros Registro exigibles específicamente por normas de carácter tributario. - Contratos y documentos con trascendencia tributaria. En la fecha indicada se persona D. Valentín Murales, el cual manifiesta actuar en representación del obligado tributario. Para ello aporta el modelo normalizado de representación firmado por D. Gustavo Pérez e, igualmente, aporta la totalidad de la documentación solicitada. Se recogen estos hechos en la correspondiente diligencia. En ella el actuario solicita a D. Valentín Murales que subsane la representación a la mayor brevedad posible, lo cual es realizado por D. Valentín Murales en el séptimo día hábil posterior. En la diligencia referida se recoge día y hora de la próxima comparecencia, la cual se realizará mediante videoconferencia. Analizada la documentación aportada, el actuario decide efectuar un requerimiento de información a la entidad ALIMENTICIA, S.L., cliente de MIRME, S.L., con la finalidad de que le aporte todos los contratos y facturas relacionados con MIRME, S.L. Transcurridos dos meses, ALIMENTICIA, S.L., no ha aportado información alguna, con lo que se efectúa un segundo requerimiento, el cual tampoco es contestado. Una vez analizados y examinados todos los antecedentes obrantes en el expediente, se cita al obligado tributario para la firma de dos actas, firma que se produce el 7 de abril de 2021, una respecto del Impuesto sobre Sociedades, en conformidad, y otra respecto del Impuesto sobre el Valor Añadido en disconformidad. Ambas actas son objeto de reclamación económico-administrativa dentro del plazo legalmente establecido.

El Tribunal Económico-Administrativo (TEAR) dicta Resolución desestimando la reclamación correspondiente al Impuesto de Sociedades, y ordenando retrotraer las actuaciones en relación con el acuerdo de liquidación de IVA, al apreciar defectos formales. SE PIDE: Conteste a las siguientes preguntas de manera razonada:

PREGUNTA 1: - 1.1. Indique el motivo por el cual la representación tuvo que ser subsanada. - 1.2. ¿Son válidas las actuaciones anteriores a la aportación del documento de representación subsanado?

PREGUNTA 2: - Indique si es obligatorio que el obligado tributario comparezca a través de un medio telemático, tal y como ha propuesto la Inspección para la segunda visita.

PREGUNTA 3: - ¿Procede imponer una sanción ante la falta de contestación a los requerimientos de información efectuados a ALIMENTICIA? Si su respuesta es positiva, indique quién es el sujeto infractor, infracción en la que se ha incurrido y la sanción correspondiente.

PREGUNTA 4: - ¿Es factible legalmente recurrir una liquidación derivada de un acta firmada en conformidad?

PREGUNTA 5: - Señale los efectos de la ejecución de la Resolución de la Reclamación Económico-Administrativa relativa al IVA en el plazo del procedimiento Inspector. - Indíquese cuál es el plazo que resta para finalizar el procedimiento Inspector tras esta retroacción de actuaciones ordenada por el Tribunal.

PARTE 3.ª ASPECTOS RELATIVOS AL IMPUESTO SOBRE SOCIEDADES.

PREGUNTA 1: La sociedad COMECOME ha obtenido en 2020 un resultado contable de 11.530.000 euros, habiendo contabilizado un gasto de 2.590.000 euros en concepto de Impuesto sobre Beneficios.

1.1.–La sociedad ha conseguido que EATEAT le permita comercializar sus productos en otros países donde la misma no está implantada. Aprovechando la oportunidad COMECOME monta tres establecimientos permanentes en el extranjero.

1.–El primero de ellos lo constituye en un país con el que no existe Convenio de Doble Imposición Internacional y que no es paraíso fiscal, sometiendo las rentas obtenidas en su territorio (sujetas y no exentas) a un tipo impositivo nominal del 20%. En 2020 el establecimiento permanente ha obtenido unas pérdidas de 600.000 euros, que COMECOME ha contabilizado.

2.–El segundo de ellos se constituye en un país con el que no existe Convenio de Doble Imposición Internacional y que no es paraíso fiscal que somete las rentas obtenidas en su territorio (sujetas y no exentas) a un impuesto de naturaleza análoga al Impuesto sobre Sociedades y cuyo tipo impositivo nominal es del 16%. En 2020 ha obtenido unas rentas positivas contabilizadas por COMECOME de 1.000.000 euros.

3.–El tercero de ellos se constituye en un país con el que no existe Convenio de Doble Imposición Internacional y que no es paraíso fiscal que somete las rentas obtenidas (sujetas y no exentas) a un impuesto cuyo tipo impositivo nominal es del 8%. COMECOME ha contabilizado en 2020 unas rentas por su importe líquido, que ascienden a 1.840.000 euros. Para la obtención de dichos ingresos la sociedad no incurre en costes en territorio español.

1.2.–COMECOME incurre en 2020 en gastos financieros por intereses de préstamos recibidos de dos entidades financieras españolas necesarios para el desarrollo de su actividad. Los gastos financieros contabilizados ascienden a 7.000.000 euros. Los ingresos financieros contabilizados derivados de la cesión a terceros de capitales propios excluidos los gastos a que se refieren las letras g) y h) del artículo 15 y el artículo 15 bis de la Ley 27/2014, de 27 de noviembre, del Impuesto sobre Sociedades, son de 3.000.000 euros. El beneficio operativo del ejercicio asciende a 10.000.000 euros. En el ejercicio 2019 los gastos financieros netos ascendieron a 500.000 euros, siendo el beneficio operativo de dicho año de 3.000.000 euros.

SE PIDE: Señale para cada una de las circunstancias expuestas en los dos apartados de esta pregunta los ajustes al resultado contable en el Impuesto sobre Sociedades que se deberían realizar para cada una de ellas y, en su caso, si procede aplicar alguna deducción. Debe explicar brevemente para cada caso por qué procede o no practicar un ajuste fiscal y/o el importe de la deducción que pudiera proceder.

PREGUNTA 2: La sociedad ALLEZESPAGNE, en la contabilidad del año 2020, incluye únicamente los siguientes importes en concepto de gastos financieros: - 68.000 euros por un préstamo recibido de su matriz ALLEZENFANTS en el año 2019 por importe de 800.000 euros a un tipo del 8,5%. No ha devuelto importe alguno del principal en 2019 y 2020. - 150.000 euros por una línea de crédito concedida por BANCO DEL ORIENTE en el año 2018 y de la que durante todo el año 2020 ALLEZESPAGNE ha dispuesto permanentemente y sin cambios de un importe de 5.000.000 euros.

SE PIDE: Explique brevemente para cada uno de los gastos financieros contabilizados por la sociedad si son fiscalmente deducibles. Si algún gasto contabilizado no fuera fiscalmente deducible en su integridad, señale el importe correcto del gasto fiscal.

PARTE 4.ª ASPECTOS RELATIVOS A LOS IMPUESTOS SOBRE EL VALOR AÑADIDO Y SOBRE TRANSMISIONES PATRIMONIALES Y ACTOS JURÍDICOS DOCUMENTADOS.

PREGUNTA 1: En el año 2021 se prestan los siguientes servicios de asesoramiento jurídico especializados en legislación alimentaria: A)

MIRME, a una entidad norteamericana, no establecida en territorio de aplicación del IVA, para la campaña publicitaria de un nuevo producto que va a lanzar en España. Los servicios los ejecuta D.ª Ana Gómez. B) MIRME, a un particular portugués relativo a un litigio en su país. Los servicios los ejecuta D.ª Ana Gómez.

SE PIDE: determinar para todas las operaciones descritas el hecho imponible a efectos del IVA, si la operación está o no sujeta a IVA en España, el lugar de realización, el sujeto pasivo y el devengo de la operación.

PREGUNTA 2: D.ª Ana Gómez adquiere el 02.07.2021 a MUCHO-MERCEDES, S.L., un concesionario de Madrid, un turismo nuevo Mercedes GLA, con el fin de realizar visitas a los clientes de MIRME. El precio de mercado del automóvil asciende a 40.000 euros, siendo el Impuesto Especial sobre Determinados Medios de Transporte 3.500 euros. Como condiciones de la venta, el concesionario otorga un descuento del 5% sobre el precio del automóvil y otro de 3.000 euros por la entrega de su vehículo usado que D.ª Ana venía usando hasta ahora también para la prestación de sus servicios a MIRME. D.ª Ana entrega una señal de 5.000 euros y el resto acuerda con el concesionario la financiación del vehículo con un préstamo a 5 años con un tipo de interés fijo, préstamo pagadero mensualmente, siendo la primera cuota la de fecha 02.08.2021. El vehículo nuevo se entrega por el concesionario a D.ª Ana el 02.07.2021, entregando en ese mismo momento D.ª Ana su vehículo usado a MUCHOMERCEDES.

SE PIDE: Determinar para todos los hechos imponibles que se hayan podido producir en las operaciones descritas en este apartado cuál es el hecho imponible a efectos del IVA, el sujeto pasivo, si la operación está exenta, el devengo, la base imponible de la operación y el tipo de gravamen aplicable.

PREGUNTA 3: Se conocen los siguientes hechos relevantes de la sociedad COMECOME: A) Para la promoción de los productos alimenticios en Madrid, realiza unas entregas gratuitas de muestras en diversos comercios especializados. el valor de cada muestra comercial asciende a 35 euros. B) Contrata un seguro de incendios con la aseguradora MUCHOFUEGO, S.A., para la oficina en que desarrolla la sociedad su actividad y que tiene alquilada a RENTASALTAS, S.L.

SE PIDE: Determinar para todos los hechos imponibles que se hayan podido producir en cada apartado cuál es el hecho imponible a efectos del IVA, el sujeto pasivo y si la operación está sujeta y, de estarlo, si está o no exenta.

PREGUNTA 4: D. Gustavo Pérez adquirió en 2015 un local de nueva construcción a un promotor. El local ha estado siendo alquilado desde entonces a una empresa veterinaria, GUAU, S.L. Este año 2021 ha decidido vendérselo a una empresa de la competencia, MIAU, S.L. Aparte de su actividad laboral en ALLEZESPAGNE, D. Gustavo no realiza ninguna otra actividad económica ni arrendamiento de otro bien. MIAU, S.L., le comunica su intención de aplicarse la opción fiscal de IVA más favorable.

SE PIDE: Determinar, a su juicio, cuál es la opción más favorable para MIAU en la compra del inmueble, señalando el impuesto por el que ha de tributar la operación, el hecho imponible producido, el sujeto pasivo, si la operación está exenta y el tipo de gravamen aplicable. Indique por qué cree usted que es la opción más favorable.

PREGUNTA 5: COMECOME, S.L., vende en agosto de 2021 productos alimenticios a particulares alemanes por importe de 12.000 euros. La venta la hace por Internet y les manda la mercancía por un transporte encargado por COMECOME, S.L. En el año 2020 realizó ventas a particulares sitos en países de la Unión Europea por importe de 85.000 euros.

SE PIDE: Explique cómo tributan las ventas de bienes hechas en agosto de 2021 (sujeto pasivo, lugar de realización de la operación, tipo de gravamen aplicable) y explique muy brevemente cómo y dónde se deben presentar las declaraciones.

PARTE 5.ª ASPECTOS RELATIVOS A ADUANAS E IMPUESTOS ESPECIALES.

PREGUNTA 1: La sociedad COMECOME, S.L., firma un contrato con la empresa de Estados Unidos EATEAT y acuerdan el suministro durante cinco años de productos de la marca "EA" de la que la empresa EATEAT es titular. Para ello la empresa americana le proporciona el contacto de sus proveedores chinos donde comprar la mercancía a cambio de un precio de 1 € por unidad de producto en concepto de canon por utilizar su marca durante esos cinco años. COMECOME, S.L., contrata a un intermediario en china, EXPORT-IMPORT CO LTD, para que contacte con el proveedor ZHEDIANG CO LTD en Shanghái para la compra de 1.000 cajas de productos de EATEAT con un peso 100 kilos por caja. Por sus gestiones como comisionista en la compra, EXPORT-IMPORT CO LTD factura a COMECOME, S.L., 500 euros por esa operación. La sociedad COMECOME, S.L., recibe una factura del proveedor ZHE-DIANG CO LTD por el envío de 1.000 cajas de 100 kilos por caja con 100 unidades de producto por caja con un valor por caja de 300 euros en condiciones de entrega FOB Shanghái. En la factura figura, aparte del valor de la mercancía, el coste por el embalaje especial para conservar los productos alimenticios de 20 euros por caja COMECOME, S.L., utiliza desde su creación para el transporte y tramitación de sus importaciones al transitario TRAMITACIÓN LOGÍSTICA, S.A. En relación con esta compra TRAMITACIÓN LOGÍSTICA, S.A., le factura a COMECOME, S.L.: - Transporte y seguro Shanghái-Valencia, 2.000 euros. - Transporte y seguro Valencia-Madrid, 500 euros. Al llegar a Valencia en el buque MAR procedente directamente de Shanghái, TRAMITACIÓN LOGÍS-TICA, S.A., en representación de COMECOME, S.L., presenta una declaración para puesta a consumo en Valencia de quinientas cajas y otra declaración para introducción en Depósito Aduanero en el puerto de Valencia de las otras quinientas cajas, hasta que puedan ser enviadas a Madrid. El tipo arancelario es del 5% y el IVA es del 10%.

SE PIDE, con indicación de la norma aplicable: a) ¿Dónde se presenta la declaración sumaria de Entrada (ENS)? ¿Cuándo? b) ¿Qué regímenes aduaneros se aplican? c) Calcule el importe de la deuda aduanera y fiscal que, en su caso, se origine como consecuencia de la inclusión de las mercancías en los regímenes aduaneros aplicados.

PREGUNTA 2: Para el ejercicio de su actividad de distribución de alimentación COMECOME dispuso en el año 2019 de una nave industrial para almacenamiento de la mercancía que cuenta con unas dependencias de oficinas y estancias para la exhibición de productos y recepción de clientes. Estas dependencias cuentan con un sistema de calefacción de caldera de gasóleo. La distribución de productos en la Comunidad Autónoma de su sede (Madrid) y en las provincias circundantes la realiza con medios propios, contando para tal fin con cuatro camiones-remolque con un peso máximo autorizado de 12 toneladas cada uno. Cuenta también con una flota de seis vehículos de turismo para sus representantes comerciales. Además, dispone de dos carretillas elevadoras (toros mecánicos) con motor de gasóleo para el movimiento de los palés y su carga en los camiones. Para proveer el sistema de calefacción de las dependencias de la nave y atender las necesidades de los toros mecánicos dispone de un depósito de gasóleo de 3.000 litros con surtidor. El proveedor es el almacén fiscal HIJOS DE JUAN ESPAÑOL, S.A.U., el cual sirve el gasóleo en las propias instalaciones de COMECOME por el procedimiento de ventas en ruta.

SE PIDE:

PRIMERO. A partir de la información que se facilita a continuación, calcule, indicando la normativa aplicable, las cuotas pagadas y, en su caso, devueltas, por Impuesto sobre Hidrocarburos durante el ejercicio 2019, teniendo en cuenta, en su caso, las bonificaciones (tipo reducido o devolución) que resulten aplicables en función del uso propio de los correspondientes activos, considerando que se cumplen todos los requisitos establecidos para ello en la normativa del Impuesto. - Consumos de gasóleo 2019: o Camiones: 50.000 litros o Toros mecánicos: 7.000 litros o Vehículos de turismo de los representantes comerciales: 20.000 litros o Sistema de calefacción: 10.000 litros. - Tipos aplicables: o Tarifa 1.ª epígrafe 1.3 gasóleo uso general (tipo general + especial): 379 €/1.000 litros o Tarifa 1.ª epígrafe 1.4 gasóleo bonificado (tipo general + especial): 96,71 €/1.000 letra o Devolución parcial gasóleo profesional (tipo general + especial): 49 €/1.000 litros.

SEGUNDO. En el caso de que resulte aplicable alguna clase de bonificación, especifique qué condición o condiciones de las que a continuación se indican han de cumplirse en cada caso: 1. Utilización de medios de pago específicos. 2. El gasóleo debe llevar incorporados los trazadores o marcadores aprobados reglamentariamente.

PARTE 6.ª ASPECTOS RELATIVOS AL IMPUESTO SOBRE LA RENTA DE LAS PERSONAS FÍSICAS.

D. Gustavo y D.ª Ana declaran en 2020 el Impuesto sobre la Renta de las Personas Físicas en la modalidad ordinaria individual del impuesto.

Se pide analizar una serie de cuestiones que afectan al cumplimiento de este tributo por los dos contribuyentes.

PREGUNTA 1: D. Gustavo es propietario con carácter privativo de un chalé situado en la costa de Granada que adquirió por 280.000 euros, incurriendo en gastos de impuestos, notaría y registro por importe de 20.000 euros. Durante los 4 primeros meses de 2020 este inmueble ha estado arrendado a una familia a razón de 2.500 euros mensuales, habiendo sido utilizado como vivienda habitual. El resto del año ha estado a disposición de su propietario. El valor catastral (revisado por última vez en 2004) del inmueble asciende a 120.000 euros (valor del suelo 60%). Los gastos asociados a este inmueble durante 2020 han sido los siguientes: - IBI: 1.200 euros - Seguro de hogar: 900 euros - Intereses de préstamo hipotecario: 3.600 euros - Trabajos de acondicionamiento de la piscina para la temporada estival: 2.200 euros

SE PIDE: Calificar, cuantificar e individualizar las rentas generadas por este inmueble en 2020.

PREGUNTA 2: D.ª Ana tiene una hija de 15 años, Sarita, fruto de un matrimonio anterior que convive con su progenitor, a quien corresponde la guardia y custodia. D.ª Ana satisface, por sentencia judicial, una anualidad por alimentos de 500 euros al mes en favor de su hija Sarita. Asimismo, D. Gustavo satisface una pensión compensatoria a D.ª Celeste, con la que contrajo matrimonio en el año 2000 y madre de su hija Bibiana, por importe de 1.500 euros mensuales, si bien el convenio regulador firmado fija una cantidad por este concepto de 1.400 euros mensuales.

SE PIDE: Indique el tratamiento fiscal de las anualidades por alimentos satisfechas en el IRPF de la pagadora (D.ª Ana) y de la perceptora (Sarita). Asimismo, indique el tratamiento de la pensión compensatoria abonada por D. Gustavo en su declaración, así como en la declaración de su exmujer.

PREGUNTA 3: El matrimonio disfruta de otra vivienda unifamiliar en Torrevieja (Alicante), en la cual pasan sus vacaciones anuales. Dicha vivienda fue adquirida conjuntamente por D. Gustavo y D. Aurora (primera mujer de D. Gustavo) el 20 de enero de 1992 por 185.000,00 euros.

En el momento de su adquisición, ambos compradores estaban casados en régimen de gananciales. Poco tiempo después, el 20 de enero de 1994 se divorcian, estableciéndose en el convenio regulador de reparto de bienes que el chalé de Torrevieja le corresponde a D. Gustavo, y que se corresponde con el 50% de los bienes de la sociedad de gananciales. El otro 50% es dinero en efectivo, por importe de 200.000 euros, que se le adjudica a D.ª Aurora. El 20 de enero de 2020 se vende el chalé por 400.000 euros, siendo abonada en concepto de Impuesto sobre el Incremento de Valor de los Terrenos de Naturaleza Urbana (IVTNU) la cantidad de 15.000 euros. El chalé ha estado siempre a disposición de su propietario.

SE PIDE: Calcular el importe de la ganancia de patrimonio derivada de la venta del chalé a integrar en la base imponible del IRPF.

PREGUNTA 4: D. Gustavo tiene a su libre disposición el vehículo de empresa las 24 horas del día y 365 días al año. Además de las retribuciones que se reflejan en el enunciado general, D. Gustavo ha recibido, el 1 de agosto de 2015, gratuitamente, de la sociedad ALLEZENFANTS, acciones de dicha matriz valoradas en 12.000 euros. La política de la matriz es conceder un paquete de acciones (nunca superior al 0,5% del capital social a cada trabajador) a todos sus empleados que ostenten cargos de un cierto nivel directivo, al cabo de 4 años de permanencia en la misma. A principios de 2020 las vende, obteniendo por la venta de dichas acciones 20.000 euros. La vivienda que le cede la empresa está situada en Madrid, municipio que ha sido objeto de revisión catastral en 2012. El valor catastral total de la vivienda asciende a 500.000 euros.

SE PIDE: Calcular todas las retribuciones en especie que deberá declarar D. Gustavo, teniendo en cuenta que los correspondientes ingresos a cuenta han sido repercutidos directamente al perceptor, a través de la nómina. Con relación a las acciones enajenadas, se deberán indicar las consecuencias fiscales de su adquisición y enajenación, a efectos de las declaraciones de IRPF.

PARTE 7.ª ASPECTOS RELACIONADOS CON LOS PROCEDIMIENTOS DE GESTIÓN TRIBUTARIA.

PREGUNTA 1: D.ª Miriam Fernández, prima carnal de D.ª Ana Gómez, presentó autoliquidación por su IRPF de 2019 el día 22 de junio de

2020, incluyendo en la misma una deducción por inversión en vivienda habitual con financiación ajena y solicitando una devolución de 1.000 euros. En enero de 2021 aún no había recibido devolución alguna y el día 18 de ese mes presentó por registro un escrito dirigido a la Dependencia Regional de Gestión Tributaria de su domicilio fiscal solicitando conocer el estado del procedimiento. El día 2 de febrero de 2021 recibió comunicación de inicio de procedimiento de verificación de datos para la comprobación de la deducción por inversión en vivienda habitual declarada, solicitando documentación justificativa de la misma, toda vez que no constaba a la Administración Tributaria tal deducción en ejercicios anteriores ni financiación ajena alguna. Por toda respuesta al requerimiento, el día 12 de febrero de 2021 D.ª Miriam presenta una nueva autoliquidación por su IRPF de 2019 eliminando la deducción por inversión en vivienda habitual, resultando ahora una devolución de 300 euros. El día 5 de marzo de 2021 D.ª Miriam recibió propuesta de liquidación provisional en la que se eliminaba la deducción por inversión en vivienda habitual declarada. El día 17 de marzo siguiente D.ª Miriam dio conformidad a esa propuesta, el 1 de abril de 2021 se emitió liquidación provisional en los términos de dicha propuesta y el 7 de abril de 2021 la recibió D.ª Miriam, quien no interpuso recurso o reclamación alguna contra esa liquidación provisional. El 1 de julio de 2021 D.ª Miriam presentó nueva autoliquidación por su IRPF de 2019, incluyendo deducción por alquiler de conformidad con la DT 15.ª LIRPF, resultando una devolución adicional de 600 euros.

SE PIDE: Conteste razonadamente a las siguientes preguntas: 1.1. ¿Es correcto el inicio del procedimiento de verificación de datos en el caso que nos ocupa? 1.2. ¿Qué consideración tiene la autoliquidación presentada por D.ª Miriam el día 12 de febrero de 2021? ¿Da origen a algún procedimiento tributario? ¿Debería haber finalizado con su presentación el procedimiento de verificación de datos iniciado? 1.3. En el presente caso, ¿la Administración tributaria debe abonar intereses de demora a D.ª Miriam con la devolución ordenada? ¿Deben solicitarse por D.ª Miriam? Base de cálculo y fecha de inicio del devengo de los intereses, en su caso. 1.4 ¿Puede dar origen la autoliquidación presentada por D.ª Miriam el día 1 de julio de 2021 a un procedimiento de rectificación de autoliquidaciones, existiendo ya liquidación provisional firme respecto del IRPF de 2019 de D.ª Miriam?

PREGUNTA 2: D.ª Ana Gómez colabora con STOPFASTFOOD, S.L., una entidad que se dedica a desarrollar programas de lucha contra la obesidad infantil que tributa en régimen general en el Impuesto sobre Sociedades. La Dependencia de Gestión ha iniciado un procedimiento de comprobación limitada del Impuesto sobre Sociedades 2019 de STOPFASTFOOD para verificar la correcta tributación de las rentas obtenidas en una operación con precio aplazado.

SE PIDE: Conteste razonando y motivando la respuesta a las siguientes preguntas: 2.1. Si la entidad presenta la contabilidad como medio de prueba para demostrar la imputación contable, ¿qué efecto tendrá este hecho en el procedimiento? 2.2. ¿Puede solicitar el órgano de gestión los movimientos financieros para verificar los cobros?

PREGUNTA 3: D.ª Pilar Gómez, hermana de D.ª Ana, también abogada, trabaja en Córdoba, ciudad a la que se desplaza todos los días desde Sevilla, donde tiene su residencia habitual junto a sus dos hijos, Alejandro y Roberto, menores de edad. Con parte de la herencia de su marido fallecido ha decidido comprar un apartamento en Madrid para poder visitar a su hermana con habitualidad, ahora que vive en España. Conociendo que los tipos impositivos de IRPF en Madrid son más bajos que en Andalucía, en la declaración de este impuesto correspondiente al ejercicio 2018 decide comunicar que su nuevo domicilio se encuentra en Madrid, consignando la dirección de su nuevo apartamento en la capital.

SE PIDE: Conteste razonando y motivando la respuesta a las siguientes preguntas: 3.1. ¿Qué procedimiento puede desarrollar la Administración Tributaria para comprobar la veracidad de esta modificación del domicilio fiscal? 3.2. ¿Con qué facultades cuentan los órganos de gestión para llevar a cabo esta comprobación? 3.3. ¿Cuál es el plazo para la terminación del procedimiento?

PARTE 8.ª ASPECTOS RELACIONADOS CON LOS PROCEDIMIENTOS DE RECAUDACIÓN.

PREGUNTA 1: D.ª Ana Gómez, por diversas circunstancias, ha acumulado varias deudas con la AEAT que se encuentran en período ejecutivo, por un importe total de 90.000 euros. Transcurrido el período voluntario de pago de las deudas, sin que hayan sido recurridas, se inicia el procedimiento de apremio. D.ª Ana es titular de los siguientes bienes: 1. Un apartamento en la costa de Alicante, propiedad exclusiva de D.ª Ana Gómez, actualmente alquilado a su hermana D.ª Teresa, que le paga 500 euros mensuales. Está valorado en unos 100.000 euros. Sobre el mismo hay constituida una hipoteca a favor del Banco del Oriente con un saldo pendiente de 20.000 euros. 2. Un automóvil marca SEAT de dos años de antigüedad, valorado en 30.000 euros. 3. Una cuenta corriente con un saldo de 1.200 euros. 4. Un cuadro de Dalí tasado por un perito en 20.000 euros, que está en depósito en una galería de arte. 5. En su domicilio cuenta con un despacho desde donde a veces teletrabaja. Cuenta con ordenador, impresora, mobiliario diverso y libros jurídicos. Todo ello con un valor aproximado de 3.000 euros. 6. Es titular de una cuenta de valores en el banco, en la que tiene acciones cotizadas de una empresa de telefonía, valoradas en 10.000 euros. 7. Un cliente suyo, para el que trabajó como abogada excepcionalmente de forma directa y personal, le debe 1.500 euros, a pagar dentro de tres meses. 8. En su domicilio guarda joyas, heredadas de la familia, valoradas en 15.000 euros, según la tasación del seguro de hogar contratado.

SE PIDE:

1.1.–Señale, si es que los hay, los bienes propiedad de D.ª Ana que sean inembargables (solo de los bienes y derechos incluidos en la Pregunta 1 de esta Parte 8.ª del examen).

1.2.–Orden de embargo de los bienes y derechos propiedad de D.ª Ana (solo de los bienes y derechos incluidos en la Pregunta 1 de esta Parte 8.ª del examen).

1.3.–Indicación de a quién se debe notificar la diligencia de embargo del apartamento de Alicante.

1.4.–El Ayuntamiento de Madrid ha anotado un embargo posterior al de la Agencia Tributaria de 30.000 euros sobre el apartamento de Alicante. En caso de subasta del inmueble por la Agencia Tributaria, ¿cuál sería el tipo de subasta, si la misma la efectúa la propia Agencia Tributaria? La valoración del apartamento se ha fijado en 100.000 euros.

PREGUNTA 2: A) En marzo de 2020 se encuentra de baja por enfermedad el responsable del departamento contable de la sociedad MIRME y D.ª Ana Gómez no logra contratar un sustituto que le convenza hasta finales del mes de mayo. Durante el transcurso de dicho periodo de tiempo la sociedad ha de presentar las autoliquidaciones correspondientes al periodo 1T del modelo 303 de IVA por importe de 38.000 euros y al 1T del modelo 111 por las retenciones e ingresos a cuenta de sus trabajadores, que ascienden a 13.000 euros. D.ª Ana desconoce totalmente esta obligación tributaria de MIRME y nadie presenta las autoliquidaciones citadas. B) El 30 de noviembre del mismo año se notifica a MIRME una diligencia de embargo en la que se declaran embargadas las cantidades que MIRME tuviese pendientes de pago a favor del deudor PAPELES, S.L., empresa que suministra a MIRME el material de oficina. El importe de la deuda que PAPELES, S.L., tiene con la Agencia Tributaria asciende a 6.200 euros, siendo las deudas del expediente ejecutivo las siguientes: - IVA Régimen general 4T 2017 = 5.900 euros - Sanciones tributarias = 300 euros MIRME contesta en plazo la diligencia de embargo, señalando que mantiene una relación comercial con PAPELES, S.L., y que esta tiene unos créditos pendientes de pago a su favor, por importe de 6.000 euros. El 10 de diciembre PAPELES, S.L., manifiesta a MIRME que ese mes tiene importantes problemas de tesorería, por lo que MIRME, ante la insistencia de la empresa, acepta ayudarle y pagarle los 6.000 euros que le debe.

SE PIDE: Para cada uno de los dos apartados anteriores (A y B):

2.1.–Analice la posible existencia de responsabilidad tributaria en las actuaciones descritas, detallando, en su caso, el sujeto responsable, el presupuesto de hecho de la responsabilidad y el precepto normativo que lo regula.

2.2.–Determine el alcance e importes de la responsabilidad analizada.

Aunque la longitud del examen asusta, todo tiene su método. Indudablemente, abruma y si no se domina la materia, el mero hecho de leer veinte folios de complejos problemas tributarios y aduaneros puede conducir a un estado mental débil, casi febril, rozando la enfermedad.

Por eso, al igual que en los momentos de enfermedad hay que acudir al médico, en este caso debe acudir a un especialista. Los preparadores te enseñarán a dividir, a clasificar por materias y verás que, poco a poco, vas mejorando.

Al igual que nadie aprende inglés en una semana o en un mes, hay que empezar a conocer los distintos procedimientos tributarios (gestión, inspección, recaudación, aduanas, impuestos especiales) cuanto antes, también en su aspecto práctico.

Existen diversos manuales para preparar el dictamen, pero suelen ser poco operativos (como aprender inglés por tu cuenta, por seguir con el símil). Así, la solución de este dictamen ocupa sesenta folios, lo cual es físicamente imposible realizar en cuatro horas.

Por tanto, tu preparador te irá explicando poco a poco las distintas partes y, a medida que avances en el cante de los temas de tributario (de ahí mi consejo de empezar por el quinto examen), avanzarás en la comprensión del sistema tributario.

2. DURACIÓN DE LAS ACTUACIONES INSPECTORAS Y DEL OPOSITOR.

Artículo 150 LGT: La duración de las actuaciones Inspectoras.

El artículo 150 de la Ley General Tributaria regula la duración de las actuaciones Inspectoras:

"1. Las actuaciones del procedimiento de inspección deberán concluir en el plazo de:

a) 18 meses, con carácter general.

b) 27 meses, cuando concurra alguna de las siguientes circunstancias en cualquiera de las obligaciones tributarias o periodos objeto de comprobación:

1. Que la Cifra Anual de Negocios del obligado tributario sea igual o superior al requerido para auditar sus cuentas.

2. Que el obligado tributario esté integrado en un grupo sometido al régimen de consolidación fiscal o al régimen especial de grupo de entidades que esté siendo objeto de

comprobación Inspectora.

Cuando se realicen actuaciones Inspectoras con diversas personas o entidades vinculadas de acuerdo con lo establecido en el artículo 18 de la Ley 27/2014, de 27 de noviembre, del Impuesto sobre Sociedades, la concurrencia de las circunstancias previstas en esta letra en cualquiera de ellos determinará la aplicación de este plazo a los procedimientos de inspección seguidos con todos ellos.

El plazo de duración del procedimiento al que se refiere este apartado podrá extenderse en los términos señalados en los apartados 4 y 5."

Como he comentado, aunque actualmente estoy destinado en la Dependencia de Inspección, he desarrollado gran parte de mi carrera administrativa en otras áreas de la Agencia Tributaria, en concreto en Gestión, Recaudación y Aduanas, en los que los procedimientos son más ágiles. En el caso de Aduanas, el despacho de mercancías, salvo en algunos supuestos, normalmente es casi instantáneo, se "despacha" en pocos minutos. En el caso de Gestión, en general los procedimientos tienen un plazo de caducidad de seis meses.

De ahí que en el resto de áreas de la Agencia se considere muy prolongado el plazo de 18 meses e incluso con la posibilidad de ser ampliado a 27 en determinados supuestos.

Aplicado al ámbito opositor, la duración de la oposición (y de los opositores) es relativa según la perspectiva que se adopte. Por eso es fundamental estar informado y saber a qué nos enfrentamos. Parece normal que, ya que hemos dedicado cuatro o cinco años a estudiar una carrera universitaria, nos parezca lógico dedicar un tiempo similar a prepararnos para el trabajo que vamos a desarrollar durante nuestra etapa laboral. Asumirlo cuanto antes es esencial.

3. ¿CUÁNTOS AÑOS SE TARDA EN APROBAR LA OPOSICIÓN?

Es uno de los tópicos, y se trata de un tema muy visto en el mundo opositor. Se dice que los opositores se quitan años, especialmente en el proceso. Una vez más, me remito a lo dicho de la humildad, se trata de conseguir el trabajo de tu vida, por tanto tardar unos meses o algún año más no parece tan importante en el curso de una vida laboral de 40 años o incluso más.

Justito notario, 11 años y José María Chico Ortiz, oposita que algo queda

Quiero recordar el caso del notario Miguel Prieto, cuyo libro *Nada antes que opositar* recomiendo como lectura para opositores e interesados en el tema, no necesariamente del ámbito notarial.

En sus escritos reconoce que pasó por diversas etapas, diversos altibajos (algunos de ellos muy duros) y tardó 11 años en aprobar la oposición de Notarías. Por supuesto, está muy orgulloso de tanto esfuerzo que le sirvió para alcanzar su meta. Me parecen igualmente interesantes muchos de los posts que publica periódicamente en su blog.

En su línea, pero como no tengo tanto qué contar en mis años de opositor, que se divide en dos etapas, primero dos años de Técnico de Hacienda y posteriormente, varios años después, otros dos años y medio para Inspector por promoción interna, paso a contar mi experiencia como Técnico e Inspector en los distintos destinos, que son muchos y variados.

En mi caso, después de prepararme en Granada, aprobé muy joven la oposición de Técnico de Hacienda, con tan solo 22 años, y ya más mayorcito, con 34, la de Inspección de Hacienda. Tardé relativamente poco tiempo en aprobar la oposición de Técnico (dos años incluyendo los tres exámenes), que en aquella época se llamaba Cuerpo de Gestión de la Hacienda Pública y que todo el mundo llamaba Subinspección y, en lugar de aprovechar la inercia del aprobado, consumí algunos años probando diferentes destinos antes de preparar la promoción interna.

La promoción interna también me consumió relativamente poco tiempo (casi tres años), aunque a mí me parecieron en aquella época largos. En mi experiencia como preparador recuerdo algunos casos destacados, como el de una alumna que me dijo que quería aprobar Inspección en ocho meses, y creo que actualmente, nueve años después, resiste en la brecha.

Lo que también quiero destacar es que seamos coherentes con nuestra decisión inicial. Es frecuente el caso de muchos alumnos que empezaron lanzados y después de explicarles el compromiso que supone la preparación de la oposición, al año me llamaron para lamentarse porque llevaban demasiado tiempo estudiando.

Es importante decir la verdad y no crear falsas expectativas. Personalmente no entiendo cómo los alumnos están dispuestos a gastar cuatro, cinco o seis años en carreras que, además de la formación, no garantizan un puesto de trabajo adecuado a dicha formación y, sin embargo, les parece mucho consumir dos o tres años en aprobar oposiciones al Cuerpo Técnico o cuatro o cinco años en Inspección.

Anoto al margen que conozco personalmente a alumnos que han aprobado Técnico en un año e inspección en dos (en uno es prácticamente imposible porque el desarrollo de los cinco exámenes ya supone un año). También hay que decir que la mayoría tardan dos o tres años en Técnico y cuatro o cinco en Inspección y que, tanto en una oposición como en la otra, hay alumnos que han tardado ocho en CTH y 12 en Inspección y son igualmente felices en sus respectivos destinos.

4. ¿CUÁNTOS TEMAS DEBO LLEVAR A LA SEMANA?

Para lograr superar la oposición hay que estar preparado. Y la preparación no se mide en meses, o en años, sino en temas. Por ello, una pregunta típica y tópica es la relativa al número de temas semanales, la fórmula mágica para aprobar. La preparación óptima para acceder a un Cuerpo Superior requiere unas 15-20 vueltas. No obstante, se puede aprobar antes.

Para el Cuerpo Técnico recomiendo empezar con dos-tres temas a la semana en el primer ejercicio y cuando hayamos dado esa vuelta, empezar el tercer ejercicio (que es mucho más exigente y requiere aprender supuestos prácticos) con dos temas semanales. Todo ello compaginándolo con la Contabilidad.

En el caso de Inspección, hay que empezar a cantar dos temas semanales (al menos, si se puede con tres mejor), empezando por el 5.º ejercicio, ya que es imprescindible estar familiarizado con el Derecho financiero y tributario para afrontar el dictamen. De igual forma, combinándolo con las clases semanales de Contabilidad.

CAPÍTULO 10.

Las fases de la oposición: convocatoria, exámenes, la espera, el éxito. El fracaso. ¿Existe prescripción del opositor? Artículo 150. Artículo 66

1. FASES DE LA PREPARACIÓN DE UNA OPOSICIÓN. EL ASPECTO PSICOLÓGICO

El aspecto psicológico es fundamental, se trata de recordarnos que vamos a invertir en formación, durante unos años nos va a enriquecer, pero hay que enfrentarse a los condicionamientos sociales y familiares. En este sentido, el apoyo de nuestra familia y entorno es fundamental.

En el momento del aprobado, el éxito tiene muchos padres, pero para llegar a ese éxito hay que pasar por muchos días de sacrificio. Se suele comparar con una carrera de fondo, una maratón que dura algunos años.

Esta parte de la preparación se puede, a su vez, dividir en varias fases:

1.ª La magia del principio

Los principios son muy bonitos, todo es ilusión y hay que disfrutar de esa ilusión, mantener esa motivación. Es muy bonito decir que "Mi hijo prepara Inspección de Hacienda". En esta época el opositor se motiva soñando con aprobar y creando sus ilusiones.

Sucede algo parecido al enamoramiento en las relaciones de pareja. La magia del inicio, esa ilusión que debe conservarse. Hay que disfrutar y aprovechar este momento para cargar las energías que más tarde nos faltarán. Mientras estudiamos, y sobre todo tras los esfuerzos intensos, hay que saber valorarnos personalmente y recompensarnos. También hay que ser paciente con las actividades largas, agotadoras y especialmente en aquellas materias como la Contabilidad o el IVA, en que sentimos que no avanzamos y no entendemos nada.

La oposición, como las cosas importantes de la vida, requiere superar dificultades. Es importante una alta dosis de autoestima, así como la humildad necesaria para admitir nuestras equivocaciones y errores, ya que de ellos se aprende más de lo que parece.

Es muy importante la labor del preparador, que guiará en todo el camino. Él ha pasado por todas las etapas del proceso y os debe apoyar en todo momento.

Antes de preparar el temario, surge la primera duda: ¿qué temario compro? Me remito a lo comentado sobre los temarios en el quinto capítulo. ¿Me hago mis propios temas? Con independencia de que el preparador te facilite algún tema en concreto, recuerdo las recomendaciones expuestas anteriormente.

2.ª   La convocatoria. la proximidad de los exámenes

En esta fase el factor psicológico empieza a influir, en muchas ocasiones negativamente. Empezamos a pensar que nos va a faltar tiempo y que los temas bailan en nuestra cabeza. La información memorizada parece no ser sólida y algunos días sentimos que nos hemos quedado en blanco.

Como he comentado al principio, se trata de una carrera de fondo, y tendremos días malos, resfriados, dolor de cabeza, de espalda, malestar, etc. Aquí demostraremos nuestra fortaleza mental y visualizaremos que no existe otro camino que el que nos llevará al aprobado.

Cuando estemos estudiando, hay que concentrarse en el momento presente, aprovechar el 100% de las horas dedicadas al estudio, pensar en el tema y olvidarnos de cualquier problema físico o mental. Eliminar las preocupaciones y centrarnos en nuestra ocupación, que es estudiar.

En las oposiciones es especialmente relevante el REPASO. Hay una tendencia natural a avanzar por el temario velozmente y querer llevar tres temas cuando no llevamos el segundo asentado. Hay que ejercitar la paciencia y la constancia, ya que es más rentable asentar los temas que construir castillos en el aire.

3.ª El momento del examen

Incluimos aquí sus días previos. El miedo escénico aumenta, incluso para las personas más tranquilas la presión psicológica es máxima. Pueden aparecer enfermedades reales o imaginarias.

Esta presión es máxima unos minutos antes de que la prueba empiece. Sin embargo, la práctica nos demuestra que a los pocos minutos de empezar el examen los nervios disminuirán rápidamente.

Incluso en los exámenes orales, en el 4.º y 5.º de Inspección, en el momento de extraer las bolas disminuirá la tensión, que prácticamente se olvidará en el momento de confeccionar el esquema previo a la exposición oral.

Es frecuente incluso reprocharse al término de la prueba: ¡con lo mal que lo he pasado y luego el examen se ha terminado en un momento!

Es importante familiarizarse con el escenario, la Escuela de Hacienda Pública (el Instituto de Estudios Fiscales). En la sala de espera es preferible evitar a los demás opositores, especialmente aquellos que vienen a contarnos que no les ha dado tiempo, que es la primera vuelta, etc.

Hay que afrontar este día con el piloto automático, sin analizar ni pensar lo que estamos haciendo. Si estáis acostumbrados a alguna técnica de relajación, es el momento de ponerla en práctica; si no, simplemente basta con no pensar en nada.

4.ª La espera de las notas. estudiando en la espera

Es vital, y muy difícil, resetear después de hacer el examen y concentrarse en el siguiente, especialmente cuando no se sabe la nota. En el caso de exámenes orales, en las oposiciones de Notarías, Registros y otras oposiciones jurídicas se da la nota el mismo día o el día siguiente.

En el Cuerpo Técnico de Hacienda, que solo tiene exámenes escritos, es especialmente duro, en especial el escaso tiempo que transcurre desde que se publica la nota del segundo examen al día de celebración del tercer examen, el más importante, ya que decide si se consigue la condición de funcionario.

Otra particularidad de dicha oposición, realmente absurda, es la lectura del tercer ejercicio, que solo consigue la incertidumbre del opositor y poco añade al proceso. En el caso del aprobado, el alumno ha perdido dos meses, pero al menos tiene un final feliz, lo cual hace olvidar todo. Pero en el caso del suspenso, a los dos meses perdidos añade la decepción y condiciona para la siguiente convocatoria.

En conclusión, aunque es muy duro, una vez hecho el examen, hay que olvidar lo que ha pasado, ser positivo y debemos dedicar todas nuestras energías al siguiente.

5.ª El postexamen. Gestión de los aprobados y de los suspensos

Lógicamente, me refiero a aquellos exámenes no finales, ya que la gestión del aprobado final no requiere mucha reflexión, celebración y puedo añadir poco más, disfrutar del tiempo que no hemos podido dedicar a nuestros amigos, pareja, familia.

Aunque es más dura, la gestión del suspenso es menos peligrosa, en términos de lo que aporta al resultado final. No solo recomiendo, sino que exijo a mis alumnos que no pierdan más de 15 días en digerir un suspenso.

Coger ritmo es muy difícil, pero perderlo muy fácil y, especialmente en el cante, estar tres o cuatro meses sin cantar hace que la vuelta se convierta en una pesadilla.

En lo relativo a los éxitos parciales, aprobar un examen supone un "subidón" enorme, todo empieza a verse más claro, el opositor empieza a comprobar que se puede aprobar. No obstante, esto es un arma de doble filo, estos incentivos hay que administrarlos con prudencia y, vuelvo a la comparación con la carrera, por muy difícil que sea la ingeniería, en esta las asignaturas aprobadas no hay que volver a cursarlas, mientras que en la oposición (con excepción de alguno de los exámenes en promoción interna) normalmente no te guardan los aprobados.

Recientemente, dada la dificultad del proceso selectivo de Inspección, se ha introducido la posibilidad de guardar los dos primeros exámenes, en caso de superar determinada nota de corte.

2. PRESCRIPCIÓN DEL OPOSITOR. ARTÍCULO 66. CIVIL O PENAL. EXISTE VIDA MÁS ALLÁ DE LA OPOSICIÓN

Volviendo al ámbito tributario, aunque la prescripción existe en otras ramas del Derecho, el artículo 66 de la de la Ley General Tributaria la regula de esta forma:

"Prescribirán a los cuatro años los siguientes derechos:

a) El derecho de la Administración para determinar la deuda tributaria mediante la oportuna liquidación.

b) El derecho de la Administración para exigir el pago de las deudas tributarias liquidadas y autoliquidadas.

c) El derecho a solicitar las devoluciones derivadas de la normativa de cada tributo, las devoluciones de ingresos indebidos y el reembolso del coste de las garantías.

d) El derecho a obtener las devoluciones derivadas de la normativa de cada tributo, las devoluciones de ingresos indebidos y el reembolso del coste de las garantías."

En el caso de las oposiciones de Inspección de Hacienda, cuatro años parece un buen plazo para aprobar. Seguramente, la mayoría de los aspirantes firmaría aprobar en ese periodo. Si se ve de otra forma, un alumno que obtenga el grado en su facultad correspondiente y después del descanso estival empiece la preparación, sería Inspector a los veintiséis años.

Incluso parece razonable el plazo de cinco años de la prescripción del delito contra la Hacienda Pública regulado en el artículo 305 del Código Penal.

En otras oposiciones como Notarías o Registros está más asumida la idea de consumir siete u ocho años para aprobar, pero en Inspección todavía hay opositores que me preguntan si se puede aprobar en uno o dos años.

También hay que tener un límite y, si uno entiende que debe dejar la oposición, que no está dispuesto a continuar y lo tiene claro, debe recibir el apoyo y la comprensión de su entorno. Muchos compañeros de la oposición, incluso preparadores, suelen utilizar la metáfora de la cueva, una suerte de caverna de Saramago en la que encerrarse del mundo exterior, o el caballo del picador en las corridas de toros, cuyas anteojeras solo le permiten mirar hacia adelante, evitando otra perspectiva que no sea la de continuar.

Es difícil determinar el momento en que uno debe abandonar la oposición, "hasta que el cuerpo aguante", dicen algunos. Quizás recomendaría echar la vista atrás y plantearse el principio, los motivos por los que uno decide embarcarse en esta aventura. También hay opositores que descansan una breve temporada para emprender el viaje con más energía. Todo tiene relación con el tema que voy a tratar en el siguiente y último capítulo: los motivos, la vocación y el concepto de éxito. Muchas veces la vida ofrece otras posibilidades en las que uno encuentra su verdadero camino.

CAPÍTULO 11.

El IEF.
Visualización y celebración.
La importancia de la motivación.
La vocación.
El verdadero éxito

Nunca olvidaré la primera vez que visité el Instituto de Estudios Fiscales. Un edificio magnífico, parecido al palacio de la Moncloa, majestuoso y que a un chico de veintitantos años aún se le antojaba mayor.

En aquella ocasión me dirigía para hacer el último examen de acceso al Cuerpo de Gestión de la Hacienda Pública. Aún no disponía de carné de conducir y miraba asustado, desde los cristales del autobús, escudriñando cada rincón de la avenida Cardenal Herrera Oria, impaciente por si me equivocaba de parada.

Ese primer año suspendí y aquella sede se convirtió en mi sueño particular, una especie de palacio que debía conquistar. Al año siguiente aprobé la oposición y una década después recorrí el mismo camino para aprobar por promoción interna Inspección.

En los momentos de fatiga, en los domingos grises en que debía estudiar, esa visión me permitía mantener la ilusión. Hay a quien le parece una tontería, o una insignificancia, o un sueño tonto, pero cada uno es dueño de sus deseos.

El otro día leí que Antonio Banderas estaba indignado y asombrado por una encuesta que concluía que la mayoría de los jóvenes aspirara a ser funcionario en lugar de dejar todo su cuerpo y alma en lograr el sueño americano de ser emprendedor.

Creo que hay espacio para todo, hacen falta emprendedores y hacen falta funcionarios. Tan lícito y loable es la aspiración por conseguir un puesto de servidor público como de artista, cantante, bailarín, coreógrafo o cómico.

El concepto de éxito es muy relativo. Hay personas que aspiran a ser millonarias. Si ese es tu caso, no te dediques a ser funcionario. Puedes tener un buen sueldo, pero desde luego no vas a convertirte en millonario. Por el contrario, algunas personas aspiran a disfrutar de una vida tranquila, poder conciliar el trabajo con la vida familiar o con otras aficiones.

También hay personas que desean independencia total, ser sus propios jefes, quizás son más aptos para ese espíritu emprendedor que promueve Banderas. De hecho, suelen gozar de una serie de cualidades que les permiten alcanzar esos objetivos, entre ellas la ceguera del caballo de los picadores que les hace ser incapaces de entender otras perspectivas vitales y están dispuestas a sacrificar pareja, familias, amigos, incluso su propia identidad para cumplir su sueño.

A veces nos encontramos con que vivimos vidas que no son las nuestras, nos quejamos de enfermedades que no padecemos, aspiramos a ideales ajenos y soñamos los sueños de otros. Por eso es importante que nos demos un tiempo, que nos detengamos a decidir si de verdad queremos opositar.

1. LA VOCACIÓN

No es necesario encontrar un momento mágico en el que una aparición celestial nos anuncie que nos vamos a convertir en Inspectores de Hacienda. Pero sí debe existir, al menos, algo parecido a una vocación. Debemos volver a nuestra cultura, a las lenguas clásicas, al latín tan denostado en los planes educativos, para encontrar que el término vocación proviene de *vocare*, acción y efecto de llamar.

Para algunas profesiones como la música o la medicina quizás es más palpable esa "llamada", pero, tras una breve reflexión, quizás encontremos en nuestro interior algún deseo de dedicar nuestra vida al servicio público.

En la infancia es más evidente. Cuando mi niña era muy pequeña, me preguntaba cuál era mi trabajo y no podía entender muy bien la función de un Inspector de Hacienda. En las charlas de este tipo los escolares suelen manifestar su deseo de ser bombero, futbolista, cantante o *youtuber*. En este sentido, se imparten clases en los colegios de educación cívico-tributaria y hay material formativo en la web de la Agencia Tributaria cuya lectura recomiendo.

Me gustaría terminar este manual contando una historia. Cuando publiqué mi libro *Cómo me convertí en Inspector de Hacienda* manifestaba que ningún niño quiere ser de mayor Inspector de Hacienda.

Pues bien, una vez más me equivoqué. Recibí un correo que me emocionó. Me escribió un opositor "granaíno" que escuchó mis experiencias en un podcast, en concreto de Úrsula Campos, dedicado a la temática opositora. Él preparaba oposiciones a instituciones penitenciarias, pero tenía un niño de quince años que tenía claro que quería ser Inspector de Hacienda. Le gustó tanto la entrevista que iba a sus clases del instituto escuchando mi entrevista. Al día siguiente era su cumpleaños y le regalaron mi libro.

Le contesté al feliz padre que, por detalles como este, había merecido la pena la publicación del libro. Espero que la lectura de este texto y el relato de mis experiencias os sirvan de ayuda en el camino.

Estoy encantado de recibir vuestros comentarios en:
preparadorhaciendamiser@gmail.com
Twitter: @pablomiser
Instagram: @pablomiser
@liceotributario

Pablo Fernández Miser
Málaga, 7 de abril de 2022
SEGUNDA EDICIÓN
Torremolinos, 3 de junio de 2025